経営目的からみる小零細小売業の課題

李 東勲 *LEE Dong Hoon*

専修大学出版局

はしがき

　近年，小売業を取り巻く環境は大きく変質しており，大規模小売業に対する規制緩和の進行，情報・通信技術の急速な進歩，少子高齢化，長期不況にもとづく消費の低迷，グローバルな競争関係の広がりのなかで，日本の小売業に特徴的であった事業所数の過多性，規模の零細性といった要素が1980年代あたりから急速に薄れつつある。そのなかでも，注目すべき動きは，小売事業所数が1982年をピークに，一転して急速に減少を示すようになったことである。しかも，このプロセスで最も顕著な動向は，従業者数１～４人という小零細小売業の事業所数が激減していることである。今日まで，小売業全体のなかでこの小零細小売業は一貫して減少を持続している。この層が日本の伝統的な商店街の中心部分を構成してきたが，現在は空き店舗となって地元商店街に深刻な問題を提起している。

　日本において中小企業を対象とした研究は多数存在する。中小商業に限っても，これまで様々な研究者によって多くの研究の蓄積がなされてきた。そのことによって，日本の中小小売業の発展と行政による商業政策に大きな影響を与えてきたことも事実である。しかし，小零細小売業の研究は，その対象が限定されていることと，問題の複雑さを反映して，研究者の数も少なく，量的にも質的にもその成果は限られてきたといえる。むしろ小零細小売業は，いわゆる中小小売業問題として一括され，その規模にかかわらず，経営者のおかれた固有の条件を考慮することなく同質の問題として取り上げられることが多かった。さらには，小零細小売業の捉え方にしても，小零細小売業同士があたかも同一の存在として取り扱われる傾向があった。そのため小零細小売業の実態を考慮すると，これまでの研究の展開方向と，小零細小売業が辿ってきた現実とには大きな乖離が発生しつつある。

　本書は，このような特殊的な対象といえる小零細小売業の激減過程のメカニズムを明らかにしようとしたのである。つまり，日本の小売業の圧倒的多数を

占めてきた重要な小売業の担い手が革命的なスピードと規模で衰退ないし消滅しつつある分野の問題を正面から分析したのである。

　研究方法としては，まず既存研究の論点がどのようなところにあったかを明確にし，新たな方向を提示した。従来の研究では，小零細小売業の特性が不鮮明なまま取り扱われてきた理論研究の問題点を詳細に解明している。既存研究では，中小小売業と大規模小売業との競合関係による量的な減少が研究対象となっており，これらを「中小小売業問題」と規定し，中小零細小売業の全ては非資本的な経済的弱者として保護の対象であると位置づけたのである。そこで出家健治教授の，小零細小売業といっても，得られた利潤は資本であるという見解に基づき，資本にとって重要なのはどのような目的で貨幣を投入するかという「動機」であると論点を明確にした。そして，上述した既存研究の見解では，本来最も重要であったはずの小零細小売業をいかに発展させていくかという根本的な問題解決や小零細小売業の方向性を打ち出すまでには至っていないと指摘し，小零細小売業の経営者の「経営目的」を推進する自助努力の観点がなおざりにされてきた実態を明らかにした。

　この問題提起に対して，小零細小売業において経営目的がいかに重要であるかについて実証するため，東京都町田市と神奈川県相模原市を対象に調査研究を行った。その結果，経営目的は小零細小売業の経営そのものに影響を与え，売上高の向上という量的な成長として現れるということを明らかにし，得られた利益をどういう目的で使用するかという動機が小零細小売業の分析には最も重要な要素であると強調した。また，小零細小売業の減少の主な要因は，経営者の高齢化や後継者難による経営意欲の消失が強い影響を与えていることを論証している。このフィールドリサーチから経営目的の類型化を試みながら，経営目的のタイプから小零細小売業の特徴とそのあり方についての分析に留まらず，さらに一歩踏み込んで政策提言を行った。

　小零細小売業の発展にとって，特に起業段階と企業段階の両面にとって経営能力の育成と強化のためには，行政の役割も重要となっている。本書のもう一つの強調点は，個のレベルで活力のある小零細小売業を増やすには，「まちづ

くり3法」にのみ依存した，その結果として補助金依存のまちづくりでは限界があることを指摘したことである。この点で，中心市街地活性化法や改正都市計画法は無機能化し，「まちづくり3法」が相互に矛盾を生み出す関係がみられるようになっている問題に言及し，フランスの総合支援策の事例を参考に，日本における創業支援の必要性を提言している。要するに，単に法律の制定や資金援助に留まらず，経営者の経営能力を付けさせる，あるいは経営者の能力を引き出すための長期的な創業支援や創業後の指導の重要性を提案している。

また，これに関連づけ今日の課題として商店街問題について考察し，個店を活かしながら商店街の活性化を図るという取組みへの転換の必要性について指摘し，まちづくりを小零細小売業の育成・保護を考えるだけの手法ではなく，地域社会の豊かな生活を支えるより積極的な主体として位置づける必要があると強調している。これは，小零細小売業の発展にとって「まち」はきわめて重要であり，また「まち」は規模を問わず多様な小売業を不可欠としている。そのなかで，小零細小売業はどのような役割を期待されているのか，さらには「まち」で小零細小売業が必要な存在理由とは何かという問題を投げかけたのである。

今日，日本において商店街活性化＝まちづくりの関心が高まっているなか，小零細小売業の存立基盤を理解することは必要不可欠であるといえよう。

本書は，2005年度に提出した博士号請求論文にその後の社会情勢の推移に対応すべく，新たに加筆と訂正を行ったものであり，出版にあたっては，2006年度専修大学課程博士論文刊行助成を受けた。また，在学中より専修大学大学院から多くの援助を頂いたことに御礼申し上げる。

本書の執筆にあたり，多くの先生方からご助言ご協力を頂いた。まず，指導教授の田口冬樹教授には，常日頃から学問はもとより，多岐にわたって大変温かいご指導・ご鞭撻を賜った。いつもご迷惑をおかけしていることをお詫びするとともに心より深く感謝申し上げる。

また，中小企業に関する知識が浅かった筆者に，様々な知識を教えてくだ

さった溝田誠吾教授，本研究を行うにあたって基礎となる地域経済や都市計画などの知識を教えてくださった福島義和教授，統計分析についてご助言をいただいた石崎徹教授，蔡イン錫（チェ インソク）教授にこの紙上を借りて厚く御礼を申し上げる。

なお，多忙な日程にもかかわらず，平素からご指導・ご鞭撻をいただいた出牛正芳理事長に心から感謝の気持ちを捧げたい。出牛正芳理事長には，本書の作成にあたり論理的思考に欠ける筆者にいつも適切なご助言をいただいた。

さらに，商店街の実態を教えてくださったのは，現場の経営者の皆様や東京都町田市のまちづくりNPO「にろくの会」の方々である。特に，「にろくの会」の米増久樹事務局長をはじめ，役員の方々と原町田商店街の経営者の皆様には多彩な現場の事について教えていただいた。とりわけ，商店街活性化を通してのまちづくりという筆者の研究に対して様々なアプローチができるような実践の場を提供していただいた。また，今回の実証研究を手伝ってくださった町田市および相模原市の6ヶ所の商店会の関係者の皆様にこの場を借りて厚く御礼申し上げる。

本書は，多くの方々のご協力があったからこそ書き上げることができた。様々なアドバイスと励ましをしてくれた趙時英・姜徳ス先輩や親友の定国公氏，田口研究室の尾野輝男様，細田雅義様，中嶋嘉孝君といつも応援してくれた国の友人達や家族にも心から感謝の意を表する。

最後に，いつも私を支えてくれる最愛の妻 Virginie MENS LEE に心を込めて感謝するとともにこの本を捧げる。

Je dédie ce livre à ma femme bien aimée et à ma famille en France que je remercie du fond du coeur pour leur gentillesse et leur soutien de tous les instants.

2006年　初秋

李　東勲

目　次

はしがき　*1*

序章　*9*
1. 本研究における問題意識　*10*
2. 「中小企業基本法」改正に伴う対中小企業認識の変化　*12*
3. 論文の構成　*14*
4. 本研究における小零細小売業の定義　*17*

1章　小零細小売業の現状分析　*21*

1節　小零細小売業の動向　*22*
1. 小零細小売業における店舗数の推移　*23*
2. 小零細小売業の業種別分析　*30*

2節　小零細小売業の低迷要因　*33*
1. 外部的要因　*34*
2. 内部的要因　*36*

2章　小零細小売業に関する既存研究の考察　*41*

1節　小零細小売業の過多性に関する認識　*43*
1. 戦前の日本経済の特殊性とそれに関連する小零細小売業の認識　*44*
   1) 戦間期における経済の特殊性　*44*
   2) 相対的過剰人口の受入先としての小零細小売業とそれらの困窮状態　*46*
2. 戦後，小零細小売業に関する認識　*50*

2節　「中小小売業問題」とそれに関連する小零細小売業の概念規定　*56*
1. 「中小小売業問題」に関する考察　*56*
   1) 大規模小売業との対立関係からみる中小小売業問題の経緯　*56*
   2) 中小小売業問題に関する諸見解　*61*
2. 小零細小売業の概念規定に関する諸見解　*63*

3節　問題提起　*71*

3章　経営目的の観点からみる小零細小売業の分析　79

1節　小零細企業の概念と経営目的　81
　1．「中小企業論」における小零細企業の概念と経営目的　82
　2．中小小売業研究における小零細小売業の経営目的　89

2節　調査研究――東京都町田市における小零細小売業者の経営目的分析　93
　1．調査研究の要領　96
　　1）アンケートの概要　96
　　2）研究対象地域選定の理由　97
　2．対象地域における小零細小売業の調査結果　98
　　1）経営組織別，事業年数別分布状況　99
　　2）経営者の実態　99
　　3）従業者規模別就業状況　100
　　4）月平均売上高と商店経営以外の収入状況　105
　3．調査結果の検証　106
　　1）クラスタ1の特徴　108
　　2）クラスタ2の特徴　113
　　3）クラスタ3の特徴　119

3節　問題提起：小零細小売業の新たな捉え方　123

4章　日本とフランスにおける小売商業調整政策　129

1節　フランスにおける小売商業政策　131
　1．中小企業に対する創業支援策　132
　　1）多角的な創業支援策　133
　　2）フランスの創業支援の特徴　135
　2．フランスにおける大規模小売業の規制策　136
　　1）大規模小売業規制政策の変遷　136
　　2）ラファラン法の内容及び特徴　140

2節　日本における「まちづくり3法」の再評価　142
　1．大店立地法の主な内容と現状　142
　2．中心市街地活性化法に関する考察　147
　　1）中心市街地活性化法の成立経緯　147
　　2）中心市街地活性化法の主な内容と現状　149

目 次

 3．改正都市計画法に関する考察　*152*
 4．「まちづくり3法」の改正　*156*
  1）「まちづくり3法」改正の経緯　*156*
  2）「まちづくり3法」改正案の主な内容と問題　*157*
3節　問題提起：日仏の比較分析　*160*

5章　「まち」の捉え方からみる商店街の問題　*165*

1節　「まち」における商店街の位置づけ　*166*
 1．「まち」の概念　*168*
 2．「まち」と商店街の関係　*170*
2節　商店街における問題　*173*
 1．小売商業調整政策の制定背景からみる商店街問題　*174*
  1）「百貨店法」の制定背景　*174*
  2）「大店法」の制定背景　*179*
 2．今日における商店街問題　*181*

結論：小零細小売業の新たな役割　*189*

 1．まちづくりのあり方と小零細小売業の役割　*189*
 2．本研究の問題点と今後の課題　*192*

付録：神奈川県相模原市における小零細小売業の経営目的分析　*195*

 1．研究対象地域　*196*
 2．対象地域における小零細小売業の概要　*196*
  1）経営者の実態　*197*
  2）従業者規模別就業状況　*198*
  3）家族経営の実態　*200*
  4）月平均売上高と商店経営以外の収入状況　*202*
 3．調査結果の検証　*204*
  1）クラスタ1の特徴　*206*
  2）クラスタ2の特徴　*209*
 4．まとめにかえて　*213*

参考文献　*215*

序章

1. 本研究における問題意識

　日本において小零細小売業を取り巻く環境は大きく変化した。「失われた10年」ともいわれる長期不況は，大型倒産，金融破綻などによって加速され，その結果実質所得は伸び悩むと共に，リストラや失業率の増加などといった社会的不安により，国内消費は低迷しつづけている。このような経済環境の変化は，小零細小売業の経営を直撃し，その衰退傾向に拍車をかけている。

　一方，1989年の日米構造協議によって，小売業分野の規制緩和が進展した。特に，大規模小売業の出店を規制する大規模小売店舗法（正式名称，「大規模小売店舗における小売業の事業活動の調整に関する法律」，以下では，大店法とする）は1990年にその運用が緩和されはじめ，その後，1992年大店法の改正，1994年運用基準の緩和を経て，1998年廃止された。そして，2000年6月に大店立地法（正式名称は「大規模小売店舗立地法」）が施行されたのである。大店法は営業規制であったのに対し，大店立地法は環境規制である。しかし，大店立地法のなかには，小零細小売業の事業機会の確保は配慮されていない。一般的に，経済状況がよい時には大規模小売業の規制が緩和され，逆に経済状況が悪い時には大規模小売業の規制を強化するという関係が成り立っていたが，近年では経済不況と大規模小売業の規制の緩和が同時に進行したのである。

　このような変化のなかで，衰退している小零細小売業をどのように捉え，その解決策を考えればよいのであろうか。商業資本論の研究者が指摘しているように，小零細小売業は資本主義の遺物として賃労働者の側が強調される非資本的な経済的弱者として位置づけるべきなのかという疑問から，筆者は研究を進めるに当たって次のような問題意識をもっていた。

　①従来の中小小売業研究では，その多くが研究対象を小零細小売業としながらも中小小売業の範疇に入れ，分析を行ったことで，小零細小売業の本質が究明されていないのではないだろうか。近年，出家健治教授をはじめ，馬場雅昭教授，番場博之教授らがその研究対象を零細層に絞って分析し

ているが，従業者数規模を基準とする量的規定においては，「小規模」と「零細規模」を厳密に分類していない。

②1978年の大店法の改正，1982年の通産省（現在の経済産業省）の通達による窓口規制などによる大規模小売業の規制強化にもかかわらず，小零細小売業者が減少しつづけた理由は，経営者の高齢化や後継者難といった内部的要因による結果ではないだろうか。いまだに，この問題に関する研究成果は乏しいのである。また，これに関連する商店街の衰退問題を解決するために，商店街における開業を増やす取組みも必要ではあるが，個々の商店が自分の力で集客力を高めるための努力も必要である。

③大店法の廃止を契機に，小零細小売業に対する政策が「保護政策」から「支援・指導政策」に転換したとみられるが，まだその体制は整っておらず，また，小零細小売業に対する認識も従来の通り，生業的かつ零細的なものであると見なされている。そういう認識のなかで，具体的な指導・支援の手順などはいまだ定まっているとはいい難いのである。その例として，現在商店街の空き店舗問題を解決するために全国各地でチャレンジ・ショップが実施されているが，その成果は低い水準に止まっている。このような従来の認識から脱却し，小零細小売業に対しても自助努力による成長という観点が重視されるべきではないだろうか。

フランスのヒアリング調査（2005年1月11日，実施）を通して，フランスでは小零細小売業を零細であるから保護するのではなく，雇用の面，街並みの維持に対する一定の責任といった側面から保護しているように，小零細小売業を企業として認識している。これは日本とは大きく異なる見方である。

以上のような問題意識から「小零細小売業はキギョウである」と見なした。

中小小売業に関する多くの既存研究では，中小小売業と大規模小売業との競合関係による量的減少が主な研究対象となっており，これらを「中小小売業問題」と規定している。しかし，本研究では研究対象を「小零細層」に限定する。小零細小売業の衰退問題は，大規模小売業との競合に起因する経済的問題でもあるが，本書においては小零細小売業自身も積極的な経営努力が求められ

る総合的問題であると規定し，これを論証してゆくことを研究目的とする。

2.「中小企業基本法」改正に伴う対中小企業認識の変化

1999年に改正が行われた『中小企業基本法』（以下，『改正中小企業基本法』とする）においては，市場原理の尊重と活用を基礎としており，その政策理念が大きく変貌したのである。したがって，ここでは『中小企業基本法』の制定背景をみながら，中小企業に対する認識の変化について考察する。

日本の経済は，1950年代半ばにはほぼ戦前水準まで回復し，その後の輸出，民間設備投資の増加などに牽引されて高度経済成長を迎え，先進国と肩を並べるようにまで急成長を遂げたのである。このような高度経済成長に伴い，国民所得水準が向上したが，大企業と中小企業の間の生産性，賃金水準などの格差は依然として存在していた。要するに，高度経済成長期においても戦前と同様に「二重構造」が残っていたのである。昭和32年（1957）の『経済白書』では，「わが国の中小企業のかかる低位な生産性と賃金水準は，低生産性なるが故に賃金水準の上昇を阻んでいると同時に，逆に低賃金なるが故に設備の近代化，生産性の向上を遅らせるというように，相互に因果関係をもち，それに外的要因（資金調達難，大企業の圧迫等）が加わって一つの悪循環を形成し，全体としての向上を大きく阻害するという結果を招来している」[1]と述べている。

このように指摘した『経済白書』から6年後の1963年，『中小企業基本法』が制定されたのである。『中小企業基本法』の政策目標（第一章，第一条）は，「中小企業が国民経済において果たすべき重要な使命にかんがみて，国民経済の成長発展に即応し，中小企業の経済的社会的制約による不利を是正するとともに，中小企業者の自主的な努力を助長し，企業間における生産性等の諸格差が是正されるように中小企業の生産性及び取引条件が向上することを目途として，中小企業の成長発展を図り，あわせて中小企業の従業者の経済的社会的地位の向上に資することにある」[2]と規定している。『中小企業基本法』は，大企業との格差の解消を図ると共に非近代的な中小企業構造を克服することを目

的としていた。中小企業庁によると，当時の『中小企業基本法』は中小企業を「一律でかわいそうな存在として認識していた」[3]と指摘する。

しかし，産業構造の高度化の推進過程において，中小企業の規模の零細性と数の過多性が問題となり，政府は中小企業を適正な規模に成長させるため，政策的に誘導した。その結果，成長中小企業と呼ばれる中堅企業が現れた一方，小零細企業は見捨てられたのである。この時期以降，中小企業の内部における格差も問題になってきたのである。ともあれ，この時期の中小企業は急速な経済成長や下請制の拡大・発展によって活発な市場参入がみられた。

高度経済成長期における大企業と中小企業との二重構造の是正を政策目標とする『中小企業基本法』は効果的であったといえるだろう。しかし，日本の経済は2度のオイルショックによって成熟化した反面，経済成長率は低下し，ゼロ成長をつづけた。さらに，日本の企業は消費者購買行動の変化により，規模の経済を生かした大量生産・大量消費型の経済から，特にバブル経済崩壊後は，製品差別化を進め，消費者ニーズの変化にいち早く対応するという迅速さが求められた。すなわち，民間設備投資が経済成長を牽引した経済から，市場原理による効率性の向上を重要視する経済へと移行したのである。

こうした環境変化のなかで，中小企業は減少し，かつて数の過多性が問題視された状況とはまったく異なっていった。この状況を踏まえて，『中小企業基本法』の見直しが行われたのである。

1997年の行政改革委員会の最終意見では，「『中小企業イコール弱者』として講ずる一律・硬直的な保護策は，効率性を阻害し，能力ある中小企業，意欲ある創業期の中小企業の成長機会を奪い，中小企業全体の活力を喪失させる」[4]と指摘し，これからの中小企業政策は競争制限的施策より，市場原理を尊重する必要があるとまとめた。そして，平成11年（1999）12月に『改正中小企業基本法』が公布されたのである。

『改正中小企業基本法』はその基本理念（第一章，第三条）として，「中小企業については，多様な事業の分野において特色ある事業活動を行い，多様な就業の機会を提供し，個人がその能力を発揮しつつ事業を行う機会を提供するこ

とにより我が国の経済の基盤を形成しているものであり，特に，多数の中小企業者が創意工夫を生かして経営の向上を図るための事業活動を行うことを通じて，新たな産業を創出し，就業の機会を増大させ，市場における競争を促進し，地域における経済の活性化を促進する等我が国経済の活力の維持及び強化に果たすべき重要な使命を有するものであることにかんがみ，独立した中小企業者の自主的な努力が助長されることを旨とし，その経営の革新及び創業が促進され，その経営基盤が強化され，並びに経済的社会的環境の変化への適応が円滑化されることにより，その多様で活力ある成長発展が図られなければならない」[5]と掲げた。

『改正中小企業基本法』では，中小企業を就業の機会の提供や個人の能力を発揮できる存在として位置づけ，これまでの「弱者」としてのイメージを払拭したのである。

新たな政策理念としては，「これまでの『二重構造の格差是正』から『多様で活力ある中小企業の成長発展』」[6]を提示している。そして，中小企業の定義については，1973年に改正されて以来，20年間以上見直されてこなかったが，その後の経済実態を踏まえ，資本金額を経済実態に見合った額に引き上げたのである。

したがって，従来と同様に中小企業を経済的弱者・負の存在として認識するのは，もはや不適切であり，今日における中小企業とは，魅力ある雇用機会を創出する役割を担い，そして地域経済社会の発展を担うイノベーターであり，日本経済の活力の源として，積極的な役割が期待される存在と位置づけるべきである。

3. 論文の構成

小零細小売業の新たな捉え方として，「小零細小売業はキギョウである」ことを提示した。その理由は，「業」とすることは，営業を行うという意味であり，営業をするというのは「営利の目的」をもっているからである。そして，企業というのは Going Concern つまり，継続的な事業を目的としているため，

常に成長を意識しなければならないからである。

　近年までの諸研究においては，小零細小売業の「保護・維持」という論調が主流であったが，そのような見解は小零細小売業の現状維持以上のものは意味しておらず，いかに発展させていくかという方向性がないと思われる。

　したがって，まず1章では中小小売業の現状分析を行い，主に減少しているのは小零細層であることを明らかにするとともに，小零細小売業がいかなる業種分野にその存立基盤を有しているのかを検討する。例えば，製造業の場合，大企業が参入しにくい多品種少量生産分野，熟練した技術が必要である伝統的な分野などは，小零細企業に確保されている部分であるといわれている。1章では，小零細小売業における得意とする分野は，本来存在するものなのかを究明してゆく。

　2章では，小零細小売業を中小小売業の範疇に入れ，それらの経営目的は生計維持のためであって，利益の拡大や企業成長を目指すのではないと規定した先行研究をレビューする。それは，小零細小売業が獲得する差額の大小の問題が質の問題，つまり零細性に関わっているからである。このことはすなわち，経営のための再投資の目的ではなく，ほとんどが生計のために使われているため，「その日暮らし」しかできないという状況を意味している。したがって，小零細小売業が受け取る差額は資本ではなく勤労賃金に相当するものであると主張されたのである。しかし，量の大小にかかわらず，小零細小売業も，自らの商業活動・売買活動を通じて差額を得ているのはまぎれもないことであり，この差額は十分に資本としての性格をもっていることを明確にしてゆく。そして，「動機」＝「経営目的」の重要性を問題点として提起する。

　3章では，2章の問題提起を受け，小零細小売業を企業成長のプロセスのような動態的な過程の一段階として位置づけ，その実態を明らかにする。また，小零細小売業を負の存在として捉えるだけではなく，それらの発生と成長の側面にも注目することで，小零細小売業に対する総合的な展望が確立されることを提起する。

　つまり，小零細小売業は質的に多様である異質多元的な存在として捉えるべ

きであることを強調する。そのために,「小零細小売業における多様性は事業主の経営目的に左右される」との認識に基づき,小零細小売業を「キギョウ」として①起業,②起業→企業への発展段階にある存在,③企業と3つに分類した。

「キギョウ」といった場合,業を起こす「起業」と業を企てる「企業」がある。成長プロセスからみると,自助努力による起業の段階から経営諸資源をもって,環境変化に対応するための経営諸戦略を遂行することで,企業として成長していく。そして,その過程のなかで周辺の相互扶助あるいは経営努力を前提とする公的支援・指導を受け,規模を拡大していく企業もあろう。例えば,フランスの場合は,開業後の5年間経営指導を行い,起業から企業へと成長を誘導している。

これを踏まえて,東京都町田市の4ヶ所の商店街をフィールドに実態調査を行い,小零細小売業の「キギョウ」としての実態や企業として成長していく過程を諸分類のフレームワークに照らしながら考察する。その際,企業として成長するための必要な「経営目的」は何だったのかを中心に分析する。

4章では,この実態調査結果をより総合的な観点から捉えるため,行政側がとる小零細小売業に関する諸政策について日本とフランスを比較分析しながら考察する。

2000年6月の大店立地法は,大規模小売業との競争の強度の調整から競争の土俵の調整への転換を意味する政策であった。改正都市計画法(正式名称は「都市計画法の一部を改正する法律案」)も大店立地法も,競争の土俵をどのように設定するかという観点から出店調整を行う法律である。改正都市計画法では,土地利用のあり方に照らして大規模小売業の立地の適否を検討し,大店立地法では立地が適切であると判断されることを前提として周辺の生活環境に与える影響をチェックする。そして,中心市街地活性化法(正式名称は「中心市街地における市街地の整備改善及び商業等の活性化の一体的推進に関する法律」)は大規模小売業が郊外に立地されるのに伴い,中心市街地が寂れるのに歯止めをかけるのが目的である。具体的には,商店街のなかで有力なパワーの

ある小売店を育て，あわせてハードを整備し中心市街地を活性化させることを目指す。

このように，「まちづくり3法」をうまく組み合わせて使うことにより，安全性・快適性・便宜性などを配慮したまちづくりが期待されたが，実際にはその成果は乏しいのである。そこで，フランスにおいては何故小零細小売業を保護しているのか，その理由を中心に分析し，日本における小零細小売業の支援・指導政策について提言する。

最後の5章においては，今日における商店街の問題について考察する。近年では「まちづくり」という表現が広まっているが，ひらがなの「まち」に関して明確に定義されている訳ではない。まず，そこで筆者なりに「まち」を定義しながら，今日商店街に求められるコミュニティ機能の問題点について指摘する。

その上で，個店と商店街との関係を論ずる。日本においては，小売商業調整政策上，また既存研究でも商店街の整備が個店より優先されてきた。その理由について「百貨店法」と「大店法」が制定された背景を考察する。まちづくり＝商店街活性化となった理由を究明するためには，小売商業調整政策の制定背景からみる必要がある。それは，「中小小売業問題」や「商店街問題」の原因を知るためでもある。それらの問題によって引き起こされた大規模小売業に対する出店反対運動が，やがて「流通近代化」を目指す政府の方針と絡み合って，商店街施設の整備・開発につながったのである。

しかし，今日の商店街問題の要因として，大規模小売業との競合関係より，経営者の高齢化や後継者難，個店の改善・活性化などの内部的要因もあげられている。

この問題点を踏まえて，個を活かしながら全体としての商店街の活性化を図るという取組みへの転換の必要性について強調する。

4. 本研究における小零細小売業の定義

ここではまず，『改正中小企業基本法』と『商業統計表』上での中小小売業

の定義を確認し，本研究の対象である小零細小売業について定義する。

『改正中小企業基本法』第二条，「中小企業者の範囲及び用語の定義」において中小企業が定義されており，特に，同法同条三項で中小小売業を「資本の額又は出資の総額が5千万円以下の会社並びに常時使用する従業員の数が50人以下の会社及び個人であって，小売業に属する事業を主たる事業として営むもの」[7]であると定義している。なお，小規模企業者についても定めており，小規模小売業に関してはおおむね常時使用する従業員数が5人以下の事業者をいうとされている。

しかし，従業員が5人いる小規模小売業と老夫婦2人で営む小規模小売業とは，同じ「小規模」といっても，その形態も行動原理も，まったく異質であることはいうまでもない。従業員数5人以下といってもそのなかには，質の異なる様々な階層が存在している。

中小小売業に関する研究においても『改正中小企業基本法』の定義と同じく，小零細小売業は中小小売業の概念のなかに含まれて一括して扱われていた。しかし，『中小企業基本法』が制定された1963年以降，中小企業の内部における格差が問題となったが，この状況を踏まえ，国民金融公庫は日本学術振興会の中小企業委員会に零細企業に関する研究を委託し，零細企業の本質について研究が行われ，それらの区分が試みられた。そして，この試みを皮切りに，中小小売業研究においても，糸園辰雄（1975），杉本修（1976，1978，1980），清成忠男（1983），天野正子（1984）などの研究者によって中小小売業の分類が行われた。これらの諸研究では，従業者数1〜4人規模の小売業を，中小小売業のなかでも最も規模が小さい層として「零細小売業」と規定した。このような分類は，最近では出家健治（2002），番場博之（2003）教授らに引き継がれているが，「小規模」と「零細規模」を区分する具体的な基準については依然言及されていないのが現状である。『商業統計表』上では，中小小売業に関する明確な定義はないが，一般的に個人・法人商店として分けて規定している分類を利用して，個人商店を中小小売業あるいは零細小売業として見なしている。個人商店とは，一般的に家族経営による家計の維持が目

的であるといった性格をもち，従業者[8]を雇わないで個人事業主と家族従業者のみで営業している生業的な商店である。また，零細な資金で開業が可能であることなどから兼業・副業的な性格が強い[9]。これらの生業的個人商店は，多くの場合，事業の行われる場と生活の行われる場の物理的区別さえ不明確である。これに対して，企業的商店は法人形態を整えて資金を調達し，常時従業員を雇って事業に専念する商店であると指摘している。よって，法人商店の存立基盤は個人商店と顕著な違いがみられる。

このように，『改正中小企業基本法』は「量的規定」であるのに対し，『商業統計表』上での規定は「質的規定」である。したがって，本研究においては従業者数を基準にしながら，「質的規定」を加え，「従業者数1〜2人の個人店及び法人商店を「零細小売業」と，また従業者数3〜4人の個人商店及び法人商店を「小規模小売業」と規定し，両者を合わせて「小零細小売業」と定義する。ここで，筆者が法人商店を定義のなかに含める理由は，近年税金の問題に絡んで，個人商店でも法人形態を採る事業者が多くみられるためである。このように本研究における小零細小売業の定義は，既存研究の定義よりその範囲が狭隘である。

なお，本研究においてコンビニエンスストアは大規模小売業であると見なしている。その理由としては，単位店舗の規模をみると小型店であるが，実際には大規模小売業の主導の下で，徹底した情報システムを利用して運営されているからである。

注
1) 経済企画庁『復刻 経済白書』第八巻，日本経済評論社，1976，146〜147頁。
2) 我妻栄編『六法全書』有斐閣，1964，1801頁。
3) 中小企業庁編『新中小企業基本法』同友館，2000，3頁。
4) 中小企業庁編，上掲書，9頁。
5) 平井宜雄・青山善充・菅野和夫編『六法全書Ⅱ』有斐閣，2000，3768頁。
6) 中小企業庁編，前掲書，26頁。

7) 平井宜雄・青山善充・菅野和夫編，前掲書，3768頁。
8) 『商業統計表』における従業者及び就業者の定義については，次の通りである。「従業者とは『個人事業主』，『無給の家族従業者』，『有給役員』，『常用雇用者』の計をいい，就業者とは従業者に『臨時雇用者』及び『派遣・下請受入者』を併せ『従業者・臨時雇用者のうち派遣・下請出向者』を除いた者をいう」。さらに詳細な定義については，経済産業省のホームページを参照されたい。(経済産業省ホームページ，http://www.meti.go.jp/statistics/，2005年6月16日検索)
9) 通商産業大臣官房調査統計部編『わが国の商業』通商産業調査会，1966年と1968年を参考にした。

1章 小零細小売業の現状分析

本章では，経済環境の変化をみながら，従業者数1〜4人規模の小零細小売業の構造変動を従業者規模別，経営組織別に考察し，小零細小売業の衰退状況を明らかにする。それは，既存研究において研究対象を「小零細」としながらも，中小小売業の範疇に入れ，分析したことについて反論するためである。

　研究方法としては，まず従業者数1〜49人規模までの小売業における事業所数，年間販売額の推移について考察し，減少傾向が顕著であるのは小零細小売業であることを明確にする。

　また，鈴木安昭教授が「商品分類を基盤として業種分類が行われてきたのは，いうまでもなく小売業の個別の店舗が，取扱商品の品目を限定した商店 limited-line store によって主流を占められてきたからにほかならない」[1]と述べているように，小零細小売業においては取扱商品の品目を限定した商店が多い。したがって，業種別に事業所数，年間販売額を分析し，業種によってその変動傾向が異なっていることについて考察する。

　最後にこれらを踏まえて，小零細小売業の低迷要因を外部・内部的要因に分けて分析を行う。なお，本章における統計資料は主に『商業統計表』の各年版を利用しており，分析対象期間は1974年から2004年の調査までとしている。その他の関連統計資料については『商業統計表』の調査年度に合わせて収集したものである。また，1997年までの『商業統計表』では「商店数」と表記されていたが，2002年度においては「事業所数」と表現が変わっているため，本章においても事業所数と記す。

1節　小零細小売業の動向

　日本において2004年度の小売業事業所数は，123万8,049ヶ所であり，1958年（昭和33）の124万5,000ヶ所を記録して以来の低い水準である。従業者数1〜4人規模の小売業は，その内の68.9％の85万2,876ヶ所である。そして，小売業全体の従業者数（臨時雇用者と派遣・下請受入者を含む）は839万9,865人，年間販売額は133兆2,786億3,100万円であり，そのう

ち小零細小売業が占める割合は，それぞれ24.5％（205万3,932人），1.6％（21兆572億7,200万円）となっている。

一方，小売業全体の事業所数の5.3％を占めている20人以上の小売業は，小零細小売業より多い40.3％（338万1,403人）となっており，年間販売額では46.9％（62,572,772百万円）と，小零細小売業の約3倍にも達している。また，事業所数でわずか0.4％にすぎない100人以上の小売業の年間販売額は24兆2,866億6,500万円で，小零細小売業より多いのである[2]。このことからも窺えるように，現在日本の小売業においては大型化が進行しているといえるだろう。

以下は，経済環境の変化に鑑みながら，小零細小売業の構造変動について分析を行う。

1. 小零細小売業における店舗数の推移

高度経済成長期において小売業事業所数は徐々に増加していたが，その大部分を占める中小小売業と若干数の大規模小売業の商業構成，いわゆる二重構造と呼ばれる経営規模の格差は変わらなかった。特に，従業者数1〜4人規模の小零細小売業はこの時期，85％強で一貫して高い割合を占めていた。1973年，1979年の2度にわたるオイルショックによって所得及び消費支出の伸びは著しく低下したが，小売業の事業所数は，1982年にかけて増加の一途をたどり，1982年の調査では172万1,465店を記録した。しかしながら，1985年の商業統計において事業所数はマイナスを記録し，162万8,644店にまで大きく落ち込んだ。これには，小売業事業所数で小売業全体の8割以上を占める小零細小売業，とりわけ従業者数1〜4人規模の小売業の落ち込みが大きく影響している。1982年から1985年にかけては，従業者数1〜4人規模の小零細小売業の事業所数は約145万店から135万店と1割近くも減少した。このような従業者数1〜4人規模の小零細小売業，とりわけ個人商店の零細性・低生産性を経営組織別（個人・法人商店）の統計資料を用いて考察する（図表1-1を参照）。

図表 1-1　低経済成長期における個人・法人商店の事業所数及び年間販売額

	商店数（千店）			年間販売額（千万円）		
	個人	法人	計	個人	法人	計
1974	1,254 (81.0)	294 (19.0)	1,548 (100)	1,250,200 (31.0)	2,779,800 (69.0)	4,030,000 (100)
1976	1281 (79.4)	332 (20.6)	1,614 (100)	1,667,000 (29.8)	3,925,900 (70.2)	5,602,900 (100)
1979	1,293 (77.2)	381 (22.8)	1,674 (100)	2,052,500 (27.9)	5,303,900 (72.1)	7,356,400 (100)
1982	1,286 (74.7)	436 (25.3)	1,721 (100)	2,420,000 (25.7)	6,980,000 (74.3)	9,400,000 (100)

（出所）通産統計協会編『戦後の商業統計表（第1巻）──産業別統計編』大蔵省印刷局，1983，通商産業大臣官房調査統計部編『わが国の商業』通産統計協会，1974～1985 より作成。
※（　）は，構成比である。

　1970，80 年代において，多くの小零細小売業を占める個人商店の困窮状態は顕著であった。個人商店の事業所数は，1974 年 125 万 4,000 店と 1972 年の商業調査に比べ，微増した。年間販売額をみると，1974 年小売業において年間販売額 40 兆 3,000 億円のうち，27 兆 7,000 億円（69％）は法人商店によって占められ，商店数で 81％を占める個人商店の販売額は，わずか 30％にすぎない 12 兆 5,000 億円である。このように，規模の零細性・低生産性が指摘される個人商店は，1979 年の 129 万 2,694 店をピークに減少に転じ，1985 年には 117 万 9,335 店となった。これによって，高度経済成長期には小売業事業所数において 85％強で高いシェアを占めていた個人商店は，低成長期に大きく減少し，1985 年には 72.4％にまで低下した。そして，法人商店の販売額構成比は高度経済成長期と同様に増加しているのに対して，個人商店は引き続き減少し，1985 年 23.9％と低下した。

　個人商店の低迷は，1960 年代後半から起きているが，低成長期に入ってから個人商店の低迷が加速した。その理由としては，2 度のオイルショックにより経済が後退するなか，所得の伸び悩みによる消費者ニーズの多様化・個性化と共に大規模小売業や専門店，コンビニエンスストアといった新業態間の競争が激化した結果である。また，高齢経営者を中心に小売業の廃業が急増し，そ

れ以上に若年層を中心とする小売業の後継者あるいは創業者数の減少が起きたため，個人商店が減少したと思われる。

その後，日本の経済は，第 1 次オイルショックの教訓を生かし，第 2 次オイルショックの時は，政府の適切な対策と企業努力によってうまく乗り越えたことで大きく成長し好況を迎えた。しかし，1985 年 9 月のプラザ合意を契機として日本経済は円高不況に突入した。1987 年，円高により輸出が低迷し，不況の到来を過度に懸念した金融緩和や円高にもかかわらず，国内の高い貯蓄率による大幅な経常収支の黒字持続は，結果的に資本市場においてバブルとして現れた。

1980 年代後半，低金利に金融機関の積極融資も加わって，地価や株価などの資産価格が急激に上昇し，個人消費，設備投資ともに堅調な伸びを示した。

バブル経済期には大規模小売業をはじめとして小売業は売上高を大きく伸ばした。この時期の小売業の特徴的な変化（図表 1 - 2 参照）をみると，小零細小売業とりわけ従業者数 1 〜 4 人規模の衰退によって，事業所数が一層減少したことである。従業者数 1 〜 4 人規模の小零細小売業の事業所数は，1982 年の約 145 万店をピークに減少し，1985 年約 135 万店，1988 年約 130 万店，1991 年約 126 万店となり，事業所数，構成比ともに減少した。これは，大店法の規制緩和の定着による大型店の出店の増加に伴い，小零細小売業が経営難に陥ったことを物語っている。

一方，「10 人以上の規模の店舗は増加を続け，1968 年に 3.7％，1982 年に 4.9％，1991 年に 7.1％と拡大してきた。こうして店舗規模での大規模化が進行している。その例として 1988 年の統計をみると，10 人以上の規模の店舗の販売額はすでに 51.0％に達していた」[3]。バブル経済期において従業者数 1 〜 4 人規模の小零細小売業が減少しているのに対して 10 人以上規模の小売業が増加を続けた。このことから，店舗の大規模化が進行していたことが窺える。

個人商店いわゆる生業的商店は，低成長期と同様に減少し続けていた。経営組織別に事業所数の増減率をみると，個人商店は 1988 年，前回比（1985

図表1-2　従業者数規模別事業所数の推移

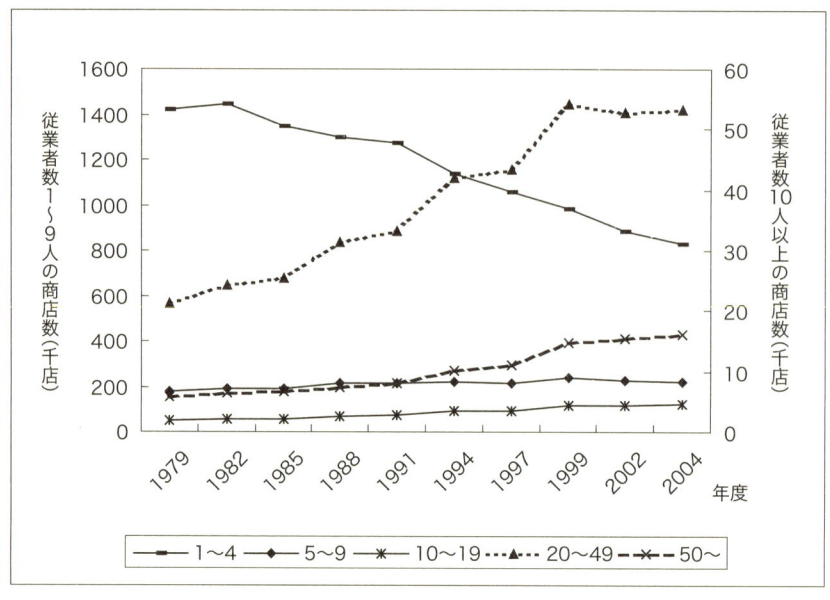

（出所）経済産業省経済産業政策局調査統計部編『商業統計表，第1巻産業編（総括表）』各年版より作成。

で5.4％減少し，さらに1991年には8.0％と減少していた。一方，法人商店は1988年，前回比で12.0％増と大幅な伸びが認められた。そして，1991年には12.1％まで増加した。構成比でも個人商店は1988年68.9％，1991年64.5％と減少しているが，法人商店は1988年31.1％から1991年35.5％と大きく増加した。

　この時期は，景気好調に伴って個人消費が増えたことで，全体的に販売額が増加したのである。また，年間販売額の増減率をみると，法人商店が1988年16.6％と前回に比べて大きく増加した。さらに，1991年には28.2％と1988年の増加率の倍近く増えたのである。これに対して，個人商店は1988年1.2％，1991年1.4％しか増加していなかった。

　このことから，バブル景気にもかかわらず，個人商店が経営難に陥っていた

ことが分かるだろう。その要因としては，1989年から1991年にかけて行われた日米構造協議による大店法規制緩和の定着で，大規模小売業は積極的に多店舗化を展開し，次第に大規模小売業間の競争が激化した。そして，生活利便性を強調したコンビニエンスストアやチェーン型専門店へ転換などにより成長する企業群の存在も無視できない。また，低成長期にみられた経営者の高齢化と後継者難が一層進行して，店舗を激減させた。さらに，地価高騰により小売業から不動産業へと転業する者も現れた。

　バブル経済期は，1991年に生じた2度の株式大暴落と1991年から1992年にかけて起こった地価の下落によって特徴付けられる。これらの資産価値の低迷は，消費の減退と共に設備投資を抑制させた。そして，1992年，経済企画庁の報告で，「5年ぶりの景気後退と発表され，不況に関する認識は一般的なものとなった」[4]。日本経済は今までとはまったく異なる長期不況を迎えたのである。そもそもバブル経済期の民間設備投資はGNPの20％を超える過剰設備投資であった。それは，バブル経済期において需要が拡大していたため，需要の拡大に対応して生産能力を高めようとする能力拡大投資が増え続けたことに起因している。

　この過剰設備投資の調整問題が表面化すると設備投資は減退し，景気が急速度で後退した。すなわち，「投資減による需要減がさらなる投資減を引き起こすという悪循環に陥った」[5]のである。

　以上のように，長期不況の要因は，設備投資の低迷，貯蓄率の増加による消費の停滞と円高による製品輸入産業の低迷であると考えられる。このような経済状況の悪化は大型倒産，金融破綻などによって加速され，その結果実質所得は伸び悩み，国内消費は減退し続けている。このような環境の変化は，小零細小売業の経営を直撃し，その衰退傾向に拍車をかけている。

　小売業事業所数の減少時代に入ってから（図表1-2参照），従業者数1〜4人規模の小零細小売業は継続して減少しつづけてきた。従業者数1〜4人規模の小零細小売業の事業所数の減少は著しく，1982年の約145万店をピークに減少し，1991年約126万店，2002年約89万店，2004年には約83万店

となった。ピーク時の1982年に比較してみると，42.8％の大幅な減少をみせている。

これに対して，従業者数5人以上の小売業の事業所数は順調な増加を続けており，小零細小売業の動向と対照的な動きをみせている。なかでも，従業者数10～49人程度の事業所数は1982年以降，20年間で約2.2倍に達しており，持続的に伸びている。こうした変化の結果として，小売業の1店舗あたりの従業者数は1997年から2004年にかけて5.2人から6.8人に増加し，同様に1事業所当たりの売場面積は137㎡と1997年より35.6％も増加して，店舗規模の大規模化を示している。

しかし，年間販売額の減少もあって，従業者1人当たり，売場面積1㎡当たりの年間販売額は減少している。今日，日本経済はバブル経済期とは対照的な局面に置かれており，流通を取り巻く環境の変化は1980年代以降の流れを一層加速させた。

次に，長期不況期における小売業の構造変化を経営組織別の統計資料（図表1-3参照）を利用してさらに考察する。

2度のオイルショックによる消費の低迷から生じた個人商店の減少傾向は，長期不況期においても顕著であった。個人商店は1994年，前回の1991年度調査に比べ，－10.4％となり，10万店を超える個人商店が減少したのである。また，1997年には個人商店は前回比で－9.4％，2002年には－10.4％，2004には－7.9％も減少し，1982年以降減少が続いている。

一方，1955年商業統計調査開始以来，増加しつづけている法人商店は，消費者の低価格志向，家計消費支出の伸び悩み，企業収益の減益に伴う法人需要の低迷によって，1994年2.8％増，1997年1.0％増とわずかな伸びであったが，1999年には3.4％も増加した。しかし，2002年には前回比－3.8％，2004年には－0.9％と減少し続けている。また，年間販売額はそれぞれ4.0％増，5.9％増と商店数と共に年間販売額は1桁台のわずかな伸びであったのに対して，1999年の法人商店の年間販売額は－1.5％と減少しはじめ，2002年には－4.8％も減少した。2004年にはその減少幅が縮まって－0.06％となっ

1章 小零細小売業の現状分析

図表1-3　バブル経済期，長期不況期における個人・法人商店の事業所数及び年間販売額

	商店数（千店）			年間販売額（10億円）		
	個人	法人	計	個人	法人	計
1985	1,179 (72.4)	449 (27.6)	1,628 (100)	24,292 (23.9)	77,427 (76.1)	101,719 (100)
1988	1,116 (68.9)	503 (31.1)	1,619 (100)	24,575 (21.4)	90,265 (78.6)	114,840 (100)
1991	1,026 (64.5)	565 (35.5)	1,591 (100)	24,909 (17.7)	115,729 (82.3)	140,638 (100)
1994	919 (61.3)	581 (38.7)	1,500 (100)	23,017 (16.1)	120,308 (83.9)	143,325 (100)
1997	833 (58.7)	587 (41.3)	1,420 (100)	20,400 (13.8)	127,400 (86.2)	147,800 (100)
1999	799 (56.8)	607 (43.2)	1,406 (100)	18,283 (87.3)	125,550 (12.7)	143,833 (100)
2002	716 (55.1)	584 (44.9)	1,300 (100)	15,530 (11.5)	119,579 (88.5)	135,109 (100)
2004	659 (53.3)	579 (46.7)	1,238 (100)	13,770 (10.3)	119,508 (89.7)	133,278 (100)

（出所）経済産業省経済産業政策局調査統計部編『平成16年 商業統計表 第1巻産業編（総括表）』各年版より作成。
※（　）は，構成比である。

た。これは，はじめての減少であり，物価の下落や消費者ニーズの変化に伴う経営難の深刻さを物語っている。

　また，個人商店の年間販売額は，1994年－7.6％，1997年－11.4％，2002年－15.1％，2004年－11.3％と連続の減少となっている。したがって，個人商店の経営難は一層深刻化しつつあった。

　以上のように，減少しつづけ困窮に陥っている層は，小零細小売業であることが明らかになった。そして，このような個人商店の低迷は，現在話題になっている商店街の衰退として現れ，このことは全国各地で空き店舗問題として表面化している。「中小小売業が集積することによって，それぞれの店舗の限定された経営資源を補完する役割を担っていた商店街の衰退は，中小小売業の生存領域を一層狭隘なものにしている」[6]。さらに，低経済成長期からはじまったと思われる経営者の高齢化，後継者難は今も多くの小零細小売業にみられており，小零細小売業の衰退を加速させている。そして，2000年6月に施行さ

れた大店立地法においても，さらなる大規模小売業の郊外進出が予想されるなか，これまでのような店舗間の競争ではなく，地域との競争が一段と活発化する可能性も十分考えられる。

2. 小零細小売業の業種別分析

　2004年（平成16）調査における卸売業を含む全国の事業所数は，161万3,318ヶ所である。このうち，76.7％を占める123万8,049ヶ所が小売業であり，前回比で－4.8％の減少となった。これは，1958年（昭和33）124万5,000店以来の低い水準である。また，年間販売額（前回比－1.4％）と就業者数（前回比－0.5％）においても減少している。特に，従業者数1～4人規模の小零細小売業の減少が著しい。それではこの減少は，どんな業種で発生しているのかについて，産業分類中分類による業種別事業所数およびその構成比の変動から分析する（図表1-4，1-5参照）。

　2004年の小売業事業所数は，ピーク時の1982年に比べて，48万3,169店と－28.1％減少しており，産業分類中分類別業種（図表1-4参照）でみると，「織物・衣類・身の回り品小売業」，「飲食料品小売業」，「家具・じゅう器・機械器具小売業」，「その他の小売業」が減少している。他の業種は1982年を境に減少しはじめたのに対して，「飲食料品小売業」は1979年をピークに減少がはじまったのである。さらに，1982年から2004年までの業種別小売業事業所数の構成比の推移をみると，「飲食料品小売業」が42.2％から35.9％に，「家具・じゅう器・機械器具小売業」が11.0％から9.3％と低下させている。その構成比が1982年から減少しつづけたのはこの2業種だけである。

　そして，小零細小売業の業種別事業所数（図表1-5参照）は，小売業全体の変動と同様に，1982年を境目に減少している。とりわけ，「飲食料品小売業」の減少が目立っているが，小零細小売業の場合は，1976年をピークに減少している。1976年から2004年の間において「飲食料品小売業」の小零細小売業は，36万1,882店（－54.6％）と半分以上減少させており，1970年代半ばから一貫して低下している。このような小零細な「飲食料品小売業」の

図表 1-4　産業分類中分類による小売業の業種別事業所数
（単位：店）

	1972	1974	1976	1979	1982	1985
各種商品小売業	2,746 (0.2)	3,153 (0.2)	3,558 (0.2)	3,631 (0.2)	4,219 (0.3)	3,531 (0.2)
織物・衣類・身の回り品小売業	203,749 (13.8)	216,928 (14.0)	227,352 (14.1)	236,904 (14.2)	242,864 (14.1)	229,606 (14.1)
飲食料品小売業	711,269 (47.6)	721,241 (46.6)	732,818 (45.4)	734,750 (43.9)	725,585 (42.2)	671,190 (41.2)
自動車・自転車小売業	59,410 (4.0)	62,646 (4.1)	66,987 (4.2)	73,961 (4.4)	84,988 (4.9)	83,931 (5.2)
家具・じゅう器・機械器具小売業	156,912 (10.5)	164,079 (10.6)	175,345 (10.9)	183,201 (10.9)	189,404 (11.0)	172,686 (10.6)
その他の小売業	359,096 (24.0)	380,137 (24.6)	408,007 (25.3)	441,220 (26.3)	474,405 (27.6)	467,700 (28.7)
合計	1,495,510	1,548,184	1,614,067	1,673,667	1,721,465	1,628,644

	1988	1991	1994	1997	2002	2004
各種商品小売業	4,015 (0.3)	4,347 (0.3)	4,839 (0.3)	5,078 (0.4)	4,997 (0.4)	5,556 (0.4)
織物・衣類・身の回り品小売業	236,581 (14.6)	240,994 (15.2)	225,714 (15.1)	209,420 (14.8)	185,937 (14.3)	177,851 (14.4)
飲食料品小売業	653,637 (40.4)	622,772 (39.1)	569,403 (38.0)	526,460 (37.1)	466,598 (35.9)	444,596 (35.9)
自動車・自転車小売業	89,374 (5.5)	93,231 (5.9)	89,345 (6.0)	87,837 (6.2)	89,096 (6.9)	86,993 (7.0)
家具・じゅう器・機械器具小売業	166,042 (10.3)	158,105 (9.9)	144,368 (9.6)	134,868 (9.5)	120,746 (9.3)	115,132 (9.3)
その他の小売業	470,103 (29.0)	471,774 (29.7)	466,279 (31.1)	456,033 (32.1)	432,683 (33.3)	407,921 (32.9)
合計	1,619,752	1,591,223	1,499,948	1,419,696	1,300,057	1,238,049

（出所）経済産業省経済産業政策局調査統計部編『商業統計表，第1巻産業編（総括表）』各年版より作成。

※（　）は，構成比である。

※ 2002年の調査から「家具・じゅう器・家庭用機械器具小売業」が「家具・じゅう器・機械器具小売業」に改称された。

図表1-5　産業分類中分類による小零細小売業の業種別事業所数　　　　　　（単位：店）

	1972	1974	1976	1979	1982	1985
各種商品小売業	1,449 (0.1)	1,405 (0.1)	1,492 (0.1)	1,161 (0.1)	2,020 (0.1)	1,276 (0.1)
織物・衣類・身の回り品小売業	169,039 (13.2)	180,721 (13.6)	191,071 (13.8)	201,246 (14.1)	208,079 (14.4)	195,674 (14.5)
飲食料品小売業	643,701 (50.4)	655,071 (49.3)	662,728 (48.0)	656,295 (46.1)	635,543 (43.9)	572,496 (42.5)
自動車・自転車小売業	46,384 (3.7)	47,974 (3.6)	50,577 (3.7)	53,885 (3.8)	61,094 (4.2)	59,361 (4.4)
家具・じゅう器・機械器具小売業	126,521 (9.9)	134,360 (10.1)	145,213 (10.5)	153,225 (10.8)	160,810 (11.1)	145,487 (10.8)
その他の小売業	289,553 (22.7)	308,415 (23.2)	330,725 (23.9)	357,479 (25.1)	381,201 (26.3)	373,907 (27.7)
合　計	1,276,647	1,327,946	1,381,806	1,423,291	1,448,747	1,348,201

	1988	1991	1994	1997	2002	2004
各種商品小売業	1,424 (0.1)	1,570 (0.1)	1,609 (0.1)	1,599 (0.2)	1,612 (0.2)	2,002 (0.2)
織物・衣類・身の回り品小売業	199,022 (15.4)	201,640 (16.0)	184,870 (16.3)	171,813 (16.2)	145,310 (16.1)	137,461 (16.1)
飲食料品小売業	535,993 (41.3)	507,856 (40.2)	438,631 (38.6)	393,561 (37.2)	317,708 (35.3)	300,846 (35.3)
自動車・自転車小売業	61,093 (4.7)	61,434 (4.9)	57,115 (5.0)	55,304 (5.2)	54,981 (6.1)	53,462 (6.3)
家具・じゅう器・機械器具小売業	136,950 (10.6)	128,872 (10.2)	115,826 (10.2)	108,410 (10.2)	95,321 (10.6)	90,992 (10.7)
その他の小売業	361,962 (27.9)	362,753 (28.7)	337,665 (29.7)	328,618 (31.0)	286,077 (31.8)	268,113 (31.4)
合　計	1,296,444	1,264,125	1,135,716	1,059,305	901,009	852,876

（出所）経済産業省経済産業政策局調査統計部編『商業統計表，第1巻産業編（総括表）』各年版の表「産業分類小分類別，従業者規模別（法人・個人別，開設時期別），従業者数（法人・個人別），臨時雇用者数，従業者・臨時雇用者のうち派遣・下請出向者，派遣・下請受入者数，年間商品販売額，その他の収入額，売場面積及び販売効率」より作成。

※（　）は，構成比である。

減少について番場博之教授は,「1970年前後からのスーパーマーケットの展開とそこでの飲食料品の取扱量の増加傾向と連動することから,消費者の飲食料品の購入先の一部が業種店としての零細小売業からスーパーマーケット等へ移行してきた結果」[7]であると説明している。近年の小売業全体の事業所数の低下傾向のなかでも,従来小零細小売業の固有の領域として認識されていた「飲食料品小売業」の衰退が深刻であることが分かる。

このように,取扱商品を絞り込んだ専門店としての性格が強い小零細小売業は,その業種を取り巻く環境変化に影響されやすく,大規模小売業との競合だけではなく,消費者の購買行動やニーズの変化に左右される。例えば,『平成16年 商業統計表』によると,「『近年の開設』が多い業種は,コンビニエンスストア(飲食料品を中心とするものに限る),料理品小売業,調剤薬局,中古自動車小売業,中古品小売業などとなっている。特に中古品小売業については,消費者の低価格志向やリサイクル志向の高まりにより,リサイクルショップが増加となった。平成7年～16年の開設事業所数は10年前と比較すると,3.8倍となっている。料理品小売業については,中食市場の拡大やライフスタイルの変化による,専門店やデリバリー店の増加が考えられる」[8]という。このような変化について,向山雅夫教授は「中小商業は『業種』に区分することができる」[9]と規定し,成長業種と衰退業種について分析を行った。その結果,環境変化に機敏に対応した業種が成長することが明らかにされた[10]。

以上のように,小零細小売業においても環境変化を追い風として利用しながら成長するためには,周辺環境の変化を綿密に調査・分析する自助努力が求められる。

一方,商店街組織としてはさまざまな情報を交流・共有する,相互扶助の体制が必要とされる。

2節　小零細小売業の低迷要因

近年,小零細小売業を取り巻く環境は劇的に変化している。例えば,モータ

リゼーションの進展に伴う消費者の購買行動の変化や消費者ニーズの多様化，流通政策の緩和による大規模小売業との競争の激化，長期間の不況によってもたらされる消費の停滞などである。このような変化は，小零細小売業の衰退に影響を与えたのである。そして，低経済成長期からはじまったとみられる経営者の高齢化と後継者難は，それらの減少に一層拍車をかけている。

　ここでは，2001年出版された鈴木安昭教授の著書『日本の商業問題』と2003年，国民生活金融公庫の『調査月報』において「中小商店の変革」というタイトルで4月から12月まで連載された村上義昭氏の論文をモデルにし，小零細小売業の低迷要因を外部的，内部的要因に分けて考察する。

1. 外部的要因

　消費者ニーズの多様化，個性化は国民所得の向上に伴って着実に進展している。勤労者世帯の名目可処分所得は，1970年から2001年にかけて4.5倍も増加しており，消費者物価指数の1.6倍を上回っている。例えば，「新車登録台数は70年以降増加傾向をたどり，バブル末期の90年には過去最高の510万台を記録した。直近は420万台前後で推移している」[11]。しかし，乗用車の登録台数は継続的に増加しており，モータリゼーションの進展は確実に定着したのである。

　これに関連して大規模小売業は，1970年代半ば頃まで人口規模が大きな都市の駅前あるいは駅の周辺，いわゆる中心市街地に出店する傾向にあった。当時は，大規模小売業といえども，商業集積のもつ集客力に依存しなければならなかったのである。中小小売業によって大規模小売業の出店反対運動が起きたのはこのためである。

　しかし，上述したように乗用車の普及に伴って，大規模小売業は人が集まる場所から人を集める場所へと立地を変更させたのである。よって，今日では郊外の商業施設と中心市街地の商業集積との競争が激しくなっている。

　一方，女性の社会進出の増加や週休二日制の普及は，週末に買い物に出かけるという購買行動を定着させると共にレジャー志向を高めた。有職女性の買い

1章 小零細小売業の現状分析

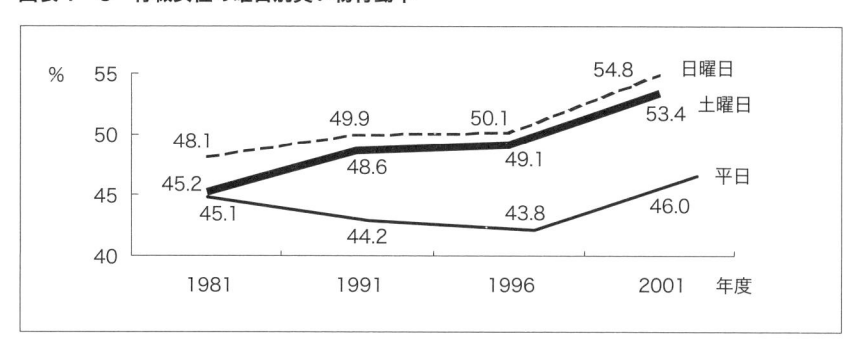

図表1−6 有職女性の曜日別買い物行動率

	1981	1991	1996	2001
日曜日	48.1	49.9	50.1	54.8
土曜日	45.2	48.6	49.1	53.4
平日	45.1	44.2	43.8	46.0

（出所）村上義昭「買い物にレジャー性を求める消費者」『調査月報』No. 507, 国民生活金融公庫, 2003. 6, 17頁から引用。

物行動率を曜日別（図表1-6参照）にみると，土曜日，日曜日に買い物に出かける割合は20年間でそれぞれ8.2％，6.7％と増加している。

そして，多くの消費者は，買い物を済ませてすぐ帰るのではなく，手軽なレジャーも同時に満喫したいというレジャー志向が増えている。

したがって，最近ではシネマコンプレックス（cinema complex），いわゆる複合映画館を導入するショッピングセンターが増えている。かつてはターミナルビルや中心市街地などの繁華街に立地していた映画館も，今や郊外の商業施設に移転している。

また，消費者の購買時間が多様化していることも特徴的である。「有職女性が買い物を行う時間帯は，1991年には17時から18時に集中していたが，2001年になると次第に分散化している様子がうかがえる。10時台と15時前後，19時以降に買い物を行う割合が高まっている。このうち19時以降の割合が高まっている背景には，コンビニエンスストアをはじめ，長時間営業を行う商店が増えている」[12]ことがある。2000年6月，大店立地法の施行により閉店時刻の規制がなくなり，最近では食品スーパーを中心に閉店時刻を繰り下げている。大規模小売業の総合スーパーは，食品売場に限定して営業時間を延長している。

大規模小売業がこのように消費者の購買時間の多様化に対応しようとしているのに対して，小零細小売業は全体的に営業時間が短いままである。しかし，小零細小売業にとって営業時間を延長することだけが対応策ではない。消費者ニーズや購買行動が多様化している今日，小零細小売業者はターゲットを絞り，気にかけ顧みる「顧客」ではなく一人一人の個の客，いわば「個客」として捉える必要がある。要するに，自らが直面している現状を分析しながらマーケティング戦略を駆使し顧客を絞り込んで，「個客」にとって最も望まれる時間帯に商品・サービスを提供することが必要である。小零細小売業者にはそれを可能にするための仕組みづくりやマネジメントが求められている。

2．内部的要因

　低成長期からみられた経営者の高齢化や後継者難，低価格を志向しながら商品の品質や安全性，個性を求める消費者ニーズの変化は，小零細小売業にとって経験したこともない諸要因であった。ここでは特に，小零細小売業経営者の高齢化現象を中心に考察する。

　従来から小零細小売業での参入・廃業の動きは激しかったが，それでも廃業より新規出店が多かったことによって，小売業の全体事業所数は増加しつづけてきた。しかし，新規出店が容易ではなくなり，その数が減少して廃業事業所数をカバーできなくなれば，当然小売業事業所数は減少することになる。

　したがって，ここでは低成長期において従業者数1〜4人規模の小零細小売業の事業所数の減少要因，特に主体的な要因について考察したい。

　低成長期において高齢化は確実に進行した。「1965年，60歳以上の人口が全国に占める割合が9.7％にすぎなかった。その後，1970年に10.6％へ，1975年に11.7％，1980年には12.9％と割合を高め，1984年では14.3％を占めている状況であった。しかもこのうち65歳以上の割合は，1965年の6.3％から1984年には約10％に，また70歳以上の割合が，1965年には3.7％であったが，1984年には6.6％と半数近くにまで比率を高めていた」[13]。このような高齢化現象は，小売業にもみられた。

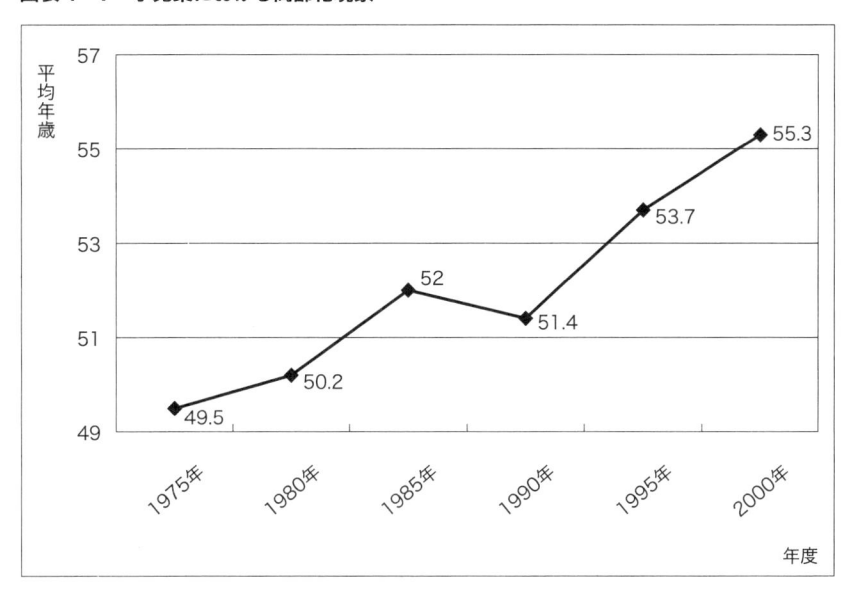

図表1-7 小売業における高齢化現象

年度	平均年齢
1975年	49.5
1980年	50.2
1985年	52
1990年	51.4
1995年	53.7
2000年	55.3

（出所）総務庁統計局編『国勢調査抽出速報集計結果』日本統計協会，1975年から各年度。

　小売業における高齢化現象（図表1-7参照）を分析すると，5歳階級での最頻値は，1975年は40歳代前半であり，それが1985年には，50歳代前半と10年間で10歳上がった。

　また，各年齢階級について中央値の年齢をとって平均年齢を試算すると，1975年，1980年，1985年について個人事業主は49.5歳，50.2歳，52.0歳と上昇した[14]。なお1990年の国勢調査からは，産業分類大分類，従業上の地位（5区分），年齢（5歳階級）の調査が行われており，小売業と卸売業・飲食店を複合した値を用いているため1985年から90年においては若干の数値の減少が見られる。しかし，小売業における50歳以上の者の構成比をみると，個人事業主は，48.0％，48.7％，55.0％と一層上昇している。

　このように経営者の高齢化現象が現れた理由は，高齢者の退出が減少したためではなく，高齢者の退出を補うほどの若年層の継承あるいは創業がみられな

かったためである。そして，最も数の多い40歳代の中堅層の純増が，純減に転じてしまった。このような状況を鈴木安昭教授は「こうして小売業を維持することができなくなった者が存在するばかりではなく，小売業以外の事業により魅力を見出したり，事業を継承するよりは他の就業の機会を選択する者が増加していることが見出せる」[15]と指摘した。個人経営の環境諸要因の悪化による売上高の減少は，経営の維持，あるいは事業継承に悪条件となり，また継承予定者の高学歴化や自由な職業選択への意欲が事業継承を困難にさせている。また，地価上昇による開店費用の増大は新規開設を抑制し，地価の安い地域への商業地拡大を刺激した。道路沿いの店舗立地の乱開発はその影響である。しかし，既存の小売業者にとっては地価の上昇によって資産価値が増し，貸しビル業への転化などをもたらしたと考えられる。

公共交通機関の発達，自家用車の普及，消費者のニーズの変化などの要因によって，小売業の地域間競争は激化した。その結果，一方では商店街の衰退が促進され，店舗の存立基盤を弱め，店が閉鎖される要因となったのである。

注

1) 鈴木安昭『日本の商業問題』有斐閣，2001，126頁。
2) 経済産業省経済産業政策局調査統計部編『平成16年 商業統計表 第1巻産業編（総括表）』独立行政法人国立印刷局，2006，「産業分類小分類別，従業者規模別（法人・個人別，開設時期別），従業者数（法人・個人別），臨時雇用者数，従業者・臨時雇用者のうち派遣・下請出向者，派遣・下請受入者数，年間商品販売額，その他の収入額，売場面積及び販売効率」を参考にした。
3) 鈴木安昭，前掲書，41頁。
4) 吉田和男『平成不況10年史』PHP研究所，1999，40頁。
5) 吉田和男，上掲書，53頁。
6) 懸田豊「流通構造の推移からみる中小小売業」久保村隆祐編『中小流通業革新への挑戦』日本経済新聞社，1999，108頁。
7) 番場博之『零細小売業の存立構造研究』白桃書房，2003，75頁。
8) 経済産業省経済産業政策局調査統計部編，前掲報告書，99頁。
9) 向山雅夫「中小商業経営と商人性」渡辺幸男・小川正博・黒瀬直宏・向山雅夫著『21

世紀中小企業論』有斐閣，2003，241 頁。
10) 向山雅夫，上掲論文，241 〜 243 頁を参考にした。
11) 村上義昭「多様化する消費者ニーズ」『調査月報』No. 505，国民生活金融公庫，2003．5, 16 頁。
12) 村上義昭「多様化する消費者の行動時間」『調査月報』No. 509，国民生活金融公庫，2003．9, 16 頁。
13) 日本百貨店協会創立 50 周年記念誌編纂委員会編『百貨店のあゆみ』日本百貨店協会，121 頁。
14) 鈴木安昭，前掲書，50 頁を参考にした。
15) 鈴木安昭，前掲書，52 頁。

2章 小零細小売業に関する既存研究の考察

本章の目的は，研究対象として小零細小売業をどのように認識すべきかを検討し提示することである。今日まで，小零細小売業は，中規模小売業と区分されることなく中小小売業の範疇に入れられ，独占的大規模資本に対峙するものとして位置づけられ，収奪・圧迫される存在としての認識が主流をなしていたのである。

　番場博之教授は，研究初期段階において「中小零細小売業全体を零細なものとしてみなし，その零細性を問題にされ，零細小売業の存在そのものの解明が中小零細小売業全体の問題の解明とイコールでつながれていったのである」[1]と指摘し，大規模小売業と零細なるものとして単純な二極構造のなかで，前者による収奪・圧迫される存在として小零細小売業に対する認識が定着したと唱えている。つまり，従来の小零細小売業に関する研究においては，小零細小売業を「中小とりわけ小零細商業者について」と表現しているように，中小小売業＝小零細小売業としてその全体が零細なるものと捉えてきたのである。

　特に，商業資本論をはじめとする多くの研究においては，独占的商業資本・大規模小売業に対立する存在として，中規模を含んだ小零細小売業をその研究対象としており，「中小小売業」と表現している。また，系列化問題のように独占的産業資本の対極を構成するものとして中小零細的な卸売業と小売業を合わせて「中小商業」と表現している。

　このように，そのほとんどの研究では対象が中規模なのか，小零細規模なのかということよりも，資本的性格を持たない零細なものとして，一元的に議論される傾向が強かった。しかし，前章で述べたように，減少傾向であるのは，従業者数１～４人規模の小零細小売業であり，５人以上の中規模小売業や法人形態の小売業の事業所数は順調に増加している。

　したがって，本章では，中小小売業全体が非資本的な経済的弱者として見なされた背景として，戦前・戦後間もない頃までの「相対的過剰人口の受入先」としての見解を考察し，日本において何故，小零細小売業が多数存在したかについて述べると共に，何故中小小売業全てを研究対象としたのかその理由を探る。また，百貨店の大衆化を皮切りに独占商業資本・大規模小売業によって小

零細小売業の事業の機会が失われ,それによって収奪・圧迫されると懸念された「中小小売業問題」を考察し,大規模小売業と中小小売業の関係について検証を行うことにする。これを踏まえて,小零細小売業に関する「量的規定」及び「質的規定」について考察し,既存研究における曖昧な捉え方は,小零細小売業の真の問題を見逃していることを強調する。

　本章では,第2次世界大戦の終結を軸にして「戦前」と「戦後」に分けることにする。また,戦後においても「高度経済成長期(1955〜1973)」,「低経済成長期(1974〜1985)」,「バブル経済期(1986〜1991)」,「長期不況期(1991〜現在)」というように4つの時期に分類する。なお,小零細小売業をも含んだ従来の議論にしたがって「中小小売業」・「中小商業」と表現する場合もある。

1節　小零細小売業の過多性に関する認識

　日本において小零細小売業は,規模の零細性・数の過多性・生業性・低生産性によって特徴づけられており,小零細小売業の存立は,少なくともその一端の根拠が小売業の本来的特性に基づいているとみられる。つまり,小売業は個人的消費に直結するものであるため,個人的消費の小規模・分散性に応じて,少なくとも経営的に小規模・分散的であることを要請されるし,またその経営は労働集約的な性質をもつ。

　さらに,小売市場において各々の小売業は,その取扱う商品の種類,立地条件の差異,店舗の指名度,サービスの程度などによって,それぞれ異なる商業機能を果たしている。消費者の欲求の多様性に応じて,それぞれの小売業はそれぞれの顧客をもつものであると考えられる。そして,小売業は極めてわずかな資金でどんな素人にも開業できるという性質を持つものである以上,小零細小売業は多数存在することになるのである。

　伝統的な見解[2]は,これらの小売業の本来的特性が日本の経済発展の特殊性からくる諸要因に結びついて小零細小売業の特性を固定化し,それらを非資本

的な経済的弱者として位置づけたのである。

そこで，まず，第 1 次大戦後（1918）から戦時体制（1937）に入るまでの「戦間期」の日本経済の特殊性と，当時・戦後における小零細小売業の困窮状況について考察し，「相対的過剰人口の受入先」としての見解について検証を行う。

1. 戦前の日本経済の特殊性とそれに関連する小零細小売業の認識
1) 戦間期における経済の特殊性

日本経済は，明治維新（1868）に封建制社会から資本主義社会への移行を標榜し，第 1 次大戦期（1914 〜 1918）に達して資本主義体制への転換を完了したとみられる。

1910 年代から 1920 年代にかけて，自給自足の農村経済は，商品化を通じて貨幣経済が浸透し始めていた。そして，道路網や沿岸航路が整備され，東京を中心とする大小の都市が結ばれ，人と物が往来するようになった。都市には，商業資本が集積し，金融制度も整備されつつあった。しかし，森下二次也教授によると，日本が資本主義化を推進する過程において「先進列強の脅威のもと，未成熟の条件のなかで強行されなければならなかったため，それまでに蓄積されてきた商人資本は主として軍需，生産財，輸出産業の部面に注ぎ込まれ，内需用消費財部面での産業資本の本格的な成立をみず，専ら中小企業の手に委ねられた」[3] と指摘した。当時大企業は，工業における基礎的部門である鉄鋼，電気をはじめ，交通，金融，貿易などの部門に成立し，産業化のなかで保護・育成された。一方消費財に関しては，綿紡績業を除いて，多くは零細的な体質を示していた。例えば，「食品工業では 5 人未満の工場の比率は 96%，雑品工業では 92%」[4] であった。いわゆる，二重構造である。大企業は資本の集中化を進めると共に中小工業の直接・間接の支配も強化した。また，1927 年の金融恐慌による銀行資本の集中，地方銀行の没落は中小商工業に金融難をもたらした。

そして，後進国として資本蓄積の少なかった日本は，農村の近代化を犠牲に

することによって資本主義化を強行した。その資本蓄積の財源は，主として農業からの租税及び農業には再投下されなかった高率小作料，労働者の低賃金によるものであった。「そのため農村人口が過剰となり農家の生活水準がおしさげられ，それがまた都市労働者の低賃金を規定した。その結果，消費財の国内市場は狭隘なものとなり小売商の成長が妨げられた」[5]。このように，農業近代化が怠られた結果，都市と農村の間に格差が生じたのみでなく，農村の地方性が解消されなかったため，消費財の市場は無数の地方的市場に分断されることになった。また，農村からの流出人口が都市の小売部門に吸収され，そこで彼らが低マージンの営業に甘んじたため，小零細小売業者が過剰に発生し，小売業は停滞を余儀なくされたのである。

なお，1937年以後，日本政府は本格的な経済統制を行った。「流通統制は，1938年に公布された国家総動員法と輸出入品等臨時措置法改正によって行われた」[6]。戦時体制に入って統制経済がますます強化されるなか，小売業は，需要と供給の減少によって売上高が激減し，経営難に見舞われ，自主的に廃業する傾向が現れた。この時期に，多くの小零細小売業は，整理・淘汰され，急速に減少したのである。

こうした日本資本主義発達の特殊性を背景に，戦前においては経済の特殊性からくる小売業の零細性が根強く存在していたため，小売業における資本的成長は圧殺された。したがって，中小小売業を非資本的な経済的弱者として位置づけられたのである。このような認識は，後に述べる「相対的過剰人口の受入先」としての認識と錯綜して，小零細小売業は長い間，中小小売業の主な研究対象として受け継がれてきたのである。しかし，これは当時の資本主義への移行を急いだ日本の特殊的な経済構造であった二極構造と市場の局地性と狭隘性に基づいている。細分化してみると，主にそういう役割を担って困窮に陥っていたのは小零細小売業であった。

以下においては，小零細小売業の困窮状況を中心に，相対的過剰人口の受入先として見なされた背景について考察する。

2）相対的過剰人口の受入先としての小零細小売業とそれらの困窮状態

1927年に発生した金融恐慌は，中小商工業の金融難をもたらした。金融恐慌によって多くの中小銀行が休業に追い込まれた。特に，地方銀行が没落した結果，取引関係のある中小商工業者は，預金の引出ができないばかりか，融資を受けることが非常に難しくなった。さらに，政府によって中小銀行の大銀行による吸収合併，中小銀行の合同，増資，解散などが強制的になされたために，中小商工業者は相当な規模で金融財源を失ったのである。

1928年3月16日の中外商業新報（現在の日本経済新聞）によれば，『小売業者は，金融恐慌以後ますます，疲弊困憊の声を高めている。しかして，小売業を以って，生計を営めるものは，都市人口中，かなりの多数を占めるのみでなく，農村においても，なかなか多数に上るのであるから，その衰退は，直ちに，経済上に重大の影響を及ぼし，これを放任するときは，ひいては社会的にも，由々しき大問題を発生する懸念があるとされた』[7]。

鈴木安昭教授は，廃業状態についての統計である1931年に発表された『東京府下五郡における小売商業者の現状並其開廃状態に関する調査』を分析し，「対象地区における廃業数は，昭和元年（1925）の5,831から昭和5年（1930）の1万378まで，増加した」[8]とその困窮状態を強調した。この廃業の絶対数の増加は，当時の社会的な問題の一つの現れとみることができる。

しかし，昭和恐慌期における農村の衰退は著しく，農業所得の低下により，家計補助的性格をもつ女性及び二，三男を中心とする労働者は，増えつづけていた。またこの頃，不況の慢性化につれて産業合理化がドイツ，アメリカから導入され，大企業を中心に技術の改良，生産性の向上がはかられ，昭和5年（1930）以降は，国の政策にも大々的に採用された。それは，従業員の整理を意味していると思われる。したがって，大企業は雇用を抑制して合理化・生産性の向上を志向した結果，過剰化した労働力は，失業を避けようとすれば中小商業に参入せざるを得なかったのである。

このような背景で，この時代の小零細小売業は，失業者あるいは半失業者すなわち相対的過剰労働人口の受入先として認識されたのである。「それは，相

対的過剰労働人口のうち潜在的形態として，また不況下では，一時的に解雇された賃労働者の選択できる避難地として流動的形態で存在する相対的過剰労働人口のあるいは停滞的過剰人口の受入先でもあった」9)。特に，この時代の小零細小売業のなかでもその日暮らしの最も困難な窮民層をも吸収する役割を果したのは露店商であった。当時の露店商の様子は，横井弘三教授の『露店研究』に詳しく紹介されている。

「深刻な世界的不景気の渦中に巻き込まれて，吾国でも夥しい失業者を出したが，警視庁ではその救済策として都下幾萬の失業者の為に，数十ヵ所の臨時露店の開設を許可し，露店業界に劃時代的の一大変革を施した。今時の状態では店舗を持って，商賣したとてうまくゆかぬ状態である。立派な大通りに貸家の札がアッチにも，こっちにもあるのをみてもわかる事だ。露店で一獲千金は望まれないが，只堅実に働き，辛棒と頭の敏とによって，生活は出来ない事はない。否大いにこの臨時露店によって助かってゐる人もある。露店で一家が喰べてゆかれたのは震災前後でした。吾々は慾張ってはいけませんよ。今日不況の場合，一店の夜店から，一家三人の生活，五人の生活が出来るものなぞと，そんな考を起こしてはいけません。露店は一人一個の生活が，出来る位と思ふてゐるべきです。夜店からの利益は，生活の補助となるべきもので，一家三人，四人と喰べてゆくなれば，夜店を，二ヶ所三ヶ所に出して，一家のもの中で働くとか，晝，どこぞへ務めるとか，妻君が内職するとか，してでなければ，とても生活してゆけるものではありません」10)。

このように，関東大震災，金融恐慌後の不景気のなか，露店商を含む小零細小売業は家計を維持するために兼業・副業化を余儀なくされたのである。また，小零細小売業はこのような厳しい状況下に置かれていたにもかかわらず，この頃から，国家にとって失業者の受入先として期待されたのである。

当時の中小商業の増加傾向（図表2-1参照）を「1920年と1930年に行われた国勢調査からみると，商業人口は1920年366万1,649人であったのが，1930年に490万5,655人と34.0％も増加した」11)。農業・工業人口の増加率に比べると，2倍以上の成長である。東京の場合，1925年に3万8,430店

図表 2-1　戦前の業種別就業人口の推移

	1920	1930
農業人口	1,428万6,592	1,413万1,025（1.1%減）
工業人口	513万8,958	587万5,991（14.3%増）
商業人口	366万1,649	490万5,655（34.0%増）

（出所）佐々木保幸「戦前から高度成長初期までの中小小売商業政策」加藤義忠他著『小売商業政策の展開』同文舘，1998，142頁から作成。

図表 2-2　昭和8年（1933）の東京市「小売ノ部，販売金額別営業所数」（旧市域のみ）

年間販売金額	個　　人	構成比（%）
500円未満	5,039	8.8
1,000　〃	6,404	11.1
3,000　〃	20,016	34.8
5,000　〃	11,033	19.2
7,000　〃	4,964	8.6
10,000　〃	4,127	7.2
30,000　〃	4,903	8.5
50,000　〃	634	1.1
100,000　〃	297	0.5
500,000　〃	97	0.2
1,000,000　〃	3	0.0
1,000,000円以上	3	0.0
計	57,520	100.0

（出所）鈴木安昭『昭和初期の小売商問題』日本経済新聞社，1980，258頁から引用。

あった小売業が，1930年には7万3,693店にも増加した。

このように増えつづけた中小小売業は，非常に零細で低生産性を特徴としていた。

1932年発表された『東京市における中小商工業者の実際』によれば，「如何に酌量の余地を残しても，商業における5,000円未満売上高階級は，最も優秀な人でも，営業で生活するとすれば漸くハンド・ツウ・マウスの階級としか観られないのであるが，かかる食うや食わずの階級が市内の個人経営商業者の4割2分7厘にも達していることは誠に寒心すべき状態であるとしか考えられない」[12]と小零細小売業の困窮を懸念した。

それを販売金額階級別（図表2-2参照）にみると，年間販売金額が5,000円未満の小売店舗が，個人経営では73.9％と4分の3を占めている。そのうち，年間販売金額が1,000円に満たないものが19.9％を占めている。また，戦時体制下における流通統制のための基礎資料収集を目的として1939年実施された初の『臨時国勢調査』から小売業の従業員規模別の割合をみると，「従業員1～2人規模が71.2％，3～4人規模が20.7％，5～10人規模が6.7％となっており，従業員4人以下の零細規模店が実に91.9％を占めていた」[13]。以上のことから，当時の小零細小売業の困窮は一目瞭然であるが，多くの研究者は，中小小売業は独占的商業資本によって圧迫を受け収奪され経営を安定させることができず，絶えず脱落と廃業の危機にさらされていると主張し，それらの保護を唱えてきたのである。

このように当時の研究において露店商をも含んだ中小小売業全てを非資本的な経済的弱者として見なしたのは，その日暮らししかできない最下層の存在が多かったからであろう。しかし，そういう状況下でも経営資源を駆使し経営環境の変化に積極的に対応して資本を蓄積し，成長したものもいたはずである。

したがって，中小小売業全てを対象にするのではなく，中規模と困窮に陥っている小零細小売業を分離し考察することで，不況を起因とする問題だけではなく，他の問題も明確にすることができ，その状況を解決するための方法について研究を行う必要があると思われる。

なお，小零細小売業は，窮民層の受け皿として引き継がれ，第2次大戦後大陸などの外地からの引揚者や復員兵にとって小零細小売業は数少ない参入の場所であった。その結果，自然発生的増加により相対的過剰労働人口の受入先としての小零細小売業層は必然的にその規模を拡大していったのである。

　鈴木武教授は，第2次大戦前から1960年に至るまでの日本の小売業政策を分析するなかで，「現実に展開されてきた商業政策は，中小小売商を潜在的過剰人口のプールとして温存するためにその保護をはかるという社会政策的色彩を濃厚におびるものであった。すなわち，いわゆる二重構造の存在を経済発展の重要な基礎としてきたわが国では，中小小売商はまさしく過剰人口の格好のプールとしてのあつかいしか受けていなかった」[14]と主張し，小零細小売業が相対的過剰人口の受入先として位置づけられていたことを政策的観点から指摘したのである。

　しかし，現在でも小零細小売業が相対的過剰人口の受入先として機能しているのであろうか。番場博之教授は，「零細小売業が相対的過剰人口のプールであるとする説明によれば，景気が好転すれば零細小売業という階層は縮小し，そこに職を求めてきた人々は賃労働者に転換することになる。しかしながら，高度経済成長期において労働力不足の状況が生じたにもかかわらず零細な小売業は増加を続けた。また，バブル崩壊後の景気減退化傾向進行のなかでも零細小売業は減少している」[15]と指摘し，小零細小売業を過剰人口の受入先としての認識はある特定の時代にのみ有効であると主張している。実際に，小売業における業態の多様化や小売経営の高度化，開業資金の増加などにより，小売業への参入が難しくなりつつある。小零細小売業においても例外ではない。また，小零細小売業を支えてきた家族労働の状況が変化してきたことにより，現在ではそれらを相対的過剰人口の受入先としての認識は限界であると思われる。

2. 戦後，小零細小売業に関する認識

　日本の経済が驚異的な速さで発展し，一挙に国内市場を拡大したにもかかわ

らず，小零細小売業を温存させた要因は何だったのか。また，どうして小零細小売業は1980年代に入ってから，一転して減少基調になったのかについて考察しながら，小零細小売業の存立に関する認識の変化について検討する。

まず，高度経済成長期における小零細小売業の存立基盤を当時の経済環境を踏まえながら，田村正紀教授の見解をベースに考察する。

高度経済成長期において小売業事業所数は徐々に増加していたが，その大部分を占める中小小売業と若干数の大規模小売業の商業構成，いわゆる二重構造と呼ばれる経営規模の格差は変わらなかったのである。特に，従業者数1～4人規模の小零細小売業はこの時期，85％強で一貫して高い割合を占めていた。序章の「中小小売業の定義」で述べたように，これらの小零細小売業の多くは，家計の維持を目的とする個人商店いわゆる生業的商店であった。

小零細小売業の事業所数の変化を経営組織別にみると，1968年の小売業事業所数139万2,000店のうち，個人商店は106万6,000店で，個人商店の構成比は76.6％であった。これを10年前の1958年の個人商店と比べると，80.4％から76.6％と3.8％低下した。このような個人商店の構成比の低下は，この10年間に法人商店が33％も増加したのに対して，個人商店は6.6％しか増加していないことによるものであった。このように微増であるが，事業所数は増えつづけていった[16]。

小零細小売業が，高度経済成長期に増加しつづけた理由としては，高度経済成長に伴う個人消費支出の増加が挙げられる。この時期における個人消費支出増加傾向をみると，「昭和30年（1955）の個人消費支出は5兆6,451億円で国民総支出の63.7％を占め，昭和35年（1960）には9兆653億円で55.9％，昭和40年（1965）には18兆6,566億円で56.8％，昭和45年（1970）には37兆5,858億円で51.3％となっている」[17]。国民総支出に対して個人消費支出の占める比率が低下しているのは，日本の経済が設備投資を中心とする経済成長を遂げてきたためである。それでも個人消費支出は他の需要項目より大きかったのである。

当時日本では，このような好況を迎え，買回品部分の小売業をはじめ，ほと

んどの業種においてその事業所数を増加させたとみられる。しかし,「所得水準(消費水準)が上昇し,また流通の生産性が向上することで,人口比でみたときの小売店舗数が業種によって増加と減少という異なったパターンを表わす」[18] というフォード効果から考えると,必需品特に食品関連分野の小売業は減少傾向であるという見方が一般的であるが,日本においてはこれらの小売業がさほど減少しておらず,その結果小売業の店舗数は増えたのである。これは,日本小売業事業所数の過多性を維持させた特徴でもある。

田村教授は,長期にわたる経済成長によって市場にスラック(Slack,緩み)が生じたことで,小零細小売業においても事業機会が確保されたと唱えた。教授は,1980年(昭和55)に発表された『戦後我が国商業の長期分析』を利用して,1964年から1976年までの各業種における個人商店の相対的生産性と市場成長率の回帰分析を行い,「たとえ個人商店相対的生産性の点からみて,個人商店が規模の不経済を被っていても,その業種の市場成長率が高ければ,個人商店が市場に存続したり,またさらに多くの個人商店の市場参入を誘因するということである」[19] と説明した。

そして,教授は長期間保たれた高い経済成長によって生み出されるこのような効果を「市場スラック効果」と定義し,「日本経済のきわめて高い経済成長率は種々な業種において市場スラックを生み出し,その結果として相対的生産性の低い個人商店にも市場に残存する機会を与えることになった」[20] と主張した。

一方,高度経済成長期に個人所得が上昇し,小売市場規模が拡大したため,大規模小売業特に,スーパーが急速に成長し,流通革命とまでいわれたが,欧米先進国に比べるとそうでもなかった。日本チェーンストア協会のデータをみると,小売業全体の販売額に占めるスーパーの割合は1970年7.4%,1972年8.7%,1974年10.6%と順調に増加した[21] と述べているが,これを欧米先進国と比べると低い水準である。このことから,小零細小売業に対する大規模小売業との競争による影響はそれほど大きくなかったと考えられる。要するに,高い水準での経済成長が長期間維持されたことによって,競争の程度が弱

くなったことに起因すると思われる。

　また，田村教授は1973年のオイルショック以降，日本経済は低成長期に転じ，小零細小売業を支えてきたとみられる市場スラック効果が消滅したことによって，同・異業態間との競争が激化し，小零細小売業が減少しはじめたと唱えた。

　もし，田村教授の「市場スラック効果」仮説通りに，急激な経済成長によって小零細小売業が多数存在することが可能であったとすれば，バブル経済期においても同様に小零細小売業が増加するのは当然であったはずである。しかし，現実的には減少しつづけたのである。したがって，「市場スラック効果」の仮説は，小零細小売業を温存させた根拠を説明する一つの方法論ではあっても，何故小零細小売業が多数存在し減少していったかというメカニズムを説明する仮説ではない。また，高度経済成長を遂げたとはいえ，大規模小売業の出店は各地域において格差が大きく，市場の局地性は解消されなかった。そのために，小零細小売業も生き残れたとみた方が妥当であろう。

　1章1節で述べた如く，小零細小売業事業所数は，1979年の129万2,694店をピークに一貫して減少しているが，従業者数5人以上の中規模小売業や法人商店はすべて増加している。

　低経済成長期にはじまった小零細小売業の減少は，特定の業種に限って現れたのではなく，ほとんどの業種においてみられたことから，中野安教授は「小売業の重層的な基礎構造そのものにおける一貫した変化の気配を察知するほうが自然であろう」[22]と主張し，1980年代に入ってから，小零細小売業が本格的な「冬の時代」に突入したことを強調したのである。

　またこの時期に，高齢化社会の進展や女性特に主婦の社会進出などがみられた。そして，これらの社会環境の変化と共に消費者行動は大きな変貌を遂げた。消費生活における節約志向や計画購入が増し，一方では消費者ニーズの多様化や個性化，高級化が生じた。前者は，生活必需品的性格の強い製品の購入における低価格志向を促し，後者は，多品種・少量生産へのシフトを加速させたことになったのである。また，流通業においても急速な変化がみられた。

百貨店は第1次オイルショックによる物価の高騰で1974年,売上高－6.2%と大きく低下し,その後も実質売上高伸び率は0～2%台と低迷した。これに比べて,スーパーは,低成長期に相対的地位を高めたものの,2度のオイルショックにより本格的な下降局面を経て,成熟産業化していった。ちなみに,この時期の小売業部門における売上高の上位20社の順位をみると,1～4位まではスーパーであった。そして,コンビニエンスストアや専門店といった新業態の伸張がみられた。

こうした状況下で,小零細小売業者は低迷要因を大規模小売業に求め,全国各地で,大規模小売業特に,スーパーの出店反対運動が強まったのである（5章2節　1.を参照）。また,初期の中小小売業研究と同様に,多くの研究者はそれらの対立関係に着目し,小零細小売業の保護を唱えたのである。これについては,次節で述べることにする。ここでは,小零細小売業の役割や営業の自由の確保という新しい観点からそれらの保護を唱えた諸見解を紹介する。

保田芳昭教授は,小零細小売業を「零細商店こそ,流通がもつ毛細血管的役割を果し,消費者に近接して日々,地域住民に密着しつつ,商品供給の大きな役割を果している」[23]と規定し,小零細小売業の保護を主張したのである。保田教授の見解と同じく,小零細小売業の役割を強調し保護を唱える研究者としては,西村多嘉子教授と佐々木保幸教授である。要するに,小零細小売業は安全な商品を安定的に消費者一人一人に供給する役割を担っているという社会的性格を強調することによってそれらを保護しようとする見解である。

また,坂本秀夫教授は小零細小売業を経済的弱者として捉え,憲法で保障されている基本的人権の側面からそれらの「生存権」と「営業の自由」を擁護すべきである[24]と主張した。つまり,坂本教授は「中小商業側が,大規模商業資本側の出方いかんによっては経営の悪化を招き,はなはだしい場合には倒産に追い込まれるというのであれば,それは基本的人権としての『生存権』の剥奪である」[25]と強調し,痛烈に小零細小売業の保護を唱えたのである。

しかし,1978年の大店法の改正,1982年の通産省（現在の経済産業省）の通達による窓口規制など大規模小売業の規制強化を行ったにもかかわらず,

小零細小売業は減少しつづけたのである。このことから，小零細小売業の衰退は大規模小売業の影響だけではなく，小零細小売業自身の内部的要因による結果であると考えられよう。

　中野教授は，小零細小売業の衰退要因を同・異業態間競争の激化による収益性の悪化や労働条件の劣悪性による新規参入の減少と後継者難による廃業の増加である[26]と指摘した。また，鈴木安昭教授は1975年から1985までの『国勢調査1％抽出集計』を用いて，小売業者のライフスタイルについて分析し，経営者の高齢化現象を明らかにした上で，小零細小売業の衰退は高齢者の退出を補うほどの若年層の継承あるいは創業がみられないためである[27]と経営者の高齢化・後継者難を強調したのである。

　以上のように，小零細小売業の衰退要因としては経済・社会環境の変化に伴う競争の激化も無視できないが，むしろ経営者の高齢化や後継者難といった内部的要因から経営意欲を失い自己崩壊したと思われる。そして，この内部的要因に関しては未だに解決できないまま放置されている。よって，今日の小零細小売業においては「企業家」として経営を行うという姿勢，すなわち「経営目的」が一層重要となっており，自らの事業の発展を目指して自助努力していくことが求められる。

　一方，このような小零細小売業の低迷は，現在問題となっている「商店街の衰退」として現れ，全国各地で空き店舗問題が深刻化している。懸田豊教授は，「中小小売業が集積することによって，それぞれの店舗の限定された経営資源を補完する役割を担っていた商店街の衰退は，中小小売業の生存領域を一層狭隘なものにしている」[28]と指摘した。そして，2000年6月に施行された大店立地法によって大規模小売業の出店の地域差が明確になった現在，これまでのような店舗間の競争ではなく，地域間との競争が一段と活発化する可能性も十分考えられる。したがって，地域間競争に備えるためには，今日までのような小零細小売業と大規模小売業の対立関係を前提でみた認識だけではなく，共存共栄の関係もなり得るという認識の下で，地域ぐるみの魅力のある集積の確立とマネジメントの努力が求められる。

2節 「中小小売業問題」とそれに関連する小零細小売業の概念規定

　前節では，小零細小売業の過多性について，各時代の厳しい経済環境下でのそれらの困窮状態をみながら，失業者など「相対的過剰人口の受入先」としての認識を中心に，考察した。

　しかし，小零細小売業の事業所数は低経済成長期から減少しはじめた。1952年に商業統計調査がはじまって以来，一貫して増加してきた中小小売業の事業所数も，1982年172万1,465店をピークに，1985年の調査時点から減少傾向に転じると，これらの現象はにわかに注目され，社会的問題として認識されたのである。そして，中小小売業者をはじめ多くの研究者は，減少の要因を大規模小売業との競争による結果であると主張し，中小小売業の保護と大規模小売業の規制強化を要求したのである。このように，中小小売業の低迷要因を大規模小売業との対立関係に求めるのは，目新しいことではなく，昭和初期から今日まで続いている。

　本節では，中小小売業と大規模小売業との対立関係を問題視した「中小小売業問題」の経過について考察すると共に，この対立関係に絡み合って中小零細小売業全てを「資本ではない」と概念規定した諸見解について述べることにする。

1．「中小小売業問題」に関する考察
1) 大規模小売業との対立関係からみる中小小売業問題の経緯

　日本において中小小売業問題の歴史は古い。鈴木安昭教授によると，中小小売業問題とは「中小小売業に社会的問題があると意識されることを意味する」[29] と述べている。つまり，中小小売業に問題があるということが，中小小売業の経営者及び消費者，中央・地方政府，そして研究者によって認識され，その問題に関して議論を行い，解決する手段を要求したり運動が行われたりすることを意味する。

　中小小売業に社会的問題があるとの認識は，中小小売業の困窮といった問題

より先に，中小小売業の行動が外部に悪影響をもたらしているという意味で問題視された。それは，物価問題である。

 1927年当時，金融恐慌によって慢性的不況が一層深刻化したにもかかわらず，大正時代の救済インフレ政策が引続き取られたために物価は他国に比べて依然として割高であった。物価引下げによる輸出促進と輸入制限が緊急課題となっていた。

 物価の高騰が生産費を引き上げ，産業の伸展を妨げたことに対し，政府はその要因を生産及び流通組織の小規模性，流通経路の多段階性，国民の消費経済に対する自覚の欠如に求め，物価騰貴の主な要因の一つとみられた流通機構の立ち後れを直そうとしたのであった。不況が慢性化するなかで，中小商工業を保護するだけに止まらず，積極的にその振興を図る必要性を認識する政府は，1927年商工審議会を組織したのである[30]。

 しかし，この時期の商工審議会は，中間商人を排除する流通合理化政策を打ち出したが，本当は小零細小売業の振興問題にはほとんど関心がなかった。むしろ，工業振興策を中心とした産業政策に偏ったものであったと考えられる。しかしながら，昭和恐慌の不況のなかで，中小小売業の問題が深刻な社会問題ないし政治問題となるに伴って，政府も中小小売業の振興策を検討せざるを得なくなるのである。

 この物価問題に関連する中小小売業の問題とは別に，急速に発展を遂げた百貨店が中小小売業を圧迫するという「百貨店の大衆化」が問題として浮上したのである。

 森下二次也教授は，中小小売業問題を「中小商業者のよって立つ存立基盤が何等かの理由で変動し，それに対応して中小商業者の対立者が出現してその存在を脅かすに至ったとき，そこに中小商業問題が発生する」[31]と定義した。このことから，当時における中小小売業者の存立基盤の変動理由を考えると，まず，金融難・震災といった経済環境の悪化による長引く不況の下で生じた消費水準の低下が，今まで直接的に競争しなかった異業態間との競争を誘発したことが挙げられよう。また，生計維持のために小売業へ大量の労働力が流入した

ことにより小零細小売業が急増し，過当競争が起こったことも挙げられる。この時期においては，同業態間の競争より異業態との競争の方が深刻な問題であり，中小小売業者の対立者は百貨店であったと規定することができる。

ここでは，日本の大都市における百貨店の動向を中心に考察する。1904 年に生まれ成長した百貨店は，1920 年頃からの不況期に，売上高の減少，手持ち商品の不足など，初めて苦難の時代を迎え，百貨店間の競争の激化がもたらされた。百貨店間の競争の激化は，百貨店の新規参入と既存百貨店の店舗の新設・拡張による支店・分店の増加，すなわち多店舗化や大型化となって現れ，その売場面積を全体として拡大させた[32]。一方では，その取扱商品の低価格品目への拡張による大衆化路線への転換や顧客送迎バス，無料配達，夜間営業，特売場設置，各種催しの開催などのサービス強化が現れ始めた。

この大衆化路線は，1923 年の関東大震災以降に飛躍的に強められた。各百貨店は復興のために，市内の各所に販売所を設けて営業した。それまで上層顧客を相手に営業していた百貨店は，生活必需品や実用品まで扱うことで，百貨店を大衆のなかに入り込ませる必要があった。そして，百貨店は民衆のなかに入り込むことによって，今まで百貨店を利用しなかった消費者の支持を受けるようになっていったのである。

このような百貨店の大衆志向は，百貨店相互間の競争を強めることになったが，この競争は，1927 年の金融恐慌とそれに続く 1929 年から 1931 年にかけての昭和恐慌の発生以降，ますます激しさの度合いを増していったのである。

このように，大正末期から昭和初期にかけて百貨店の急激な変化と相互間での競争の激化は，不況下での中小小売業の経済的な窮迫を格段に強めることになり，中小小売業を刺激して 1928 年「反百貨店運動」を誘発することになった。そして 1932 年，新たに成立した斎藤内閣の第 1 次臨時議会で吉野商工大臣が，百貨店の一連の動きに何等かの方策を行い，中小小売業を救済するべきであると答弁した。これが次第に中小小売業の反百貨店運動を政治運動化させ，1937 年 7 月に「百貨店法」が成立したのである。

当時多くの中小小売業は，営業困難の主たる原因を，環境要因的存在として自己の経営を圧迫していた百貨店の発展に求めて，中小小売業問題を対百貨店問題として捉えたのである。そして，戦後，高度経済成長期に現れた大衆消費社会を背景に急成長を遂げたスーパーが，大型店舗を核店舗としながら全国規模で多店舗展開を行ったことで，中小小売業との衝突が激化し問題となったのである。

1950年に勃発した朝鮮戦争（1950～1953）のいわゆる特需などに促進されて国内外の市場が拡大し，日本経済は戦前水準に回復したのである。1955年を起点として高度経済成長が始まった。経済回復の牽引車となったのは輸出であり，当初は輸出景気であった。「1956年度の経済白書には『もはや戦後ではない』と新生日本経済を強調した」[33]。そして，この輸出景気は次第に投資景気に変わって，産業の集中的大規模化・技術革新への投資が本格化し，日本経済はGNPの実質で年平均10％を超える高い成長を持続したのである。また，消費財産業における大量生産の発展によって新製品が驚異的な速さで導入された。例えば，洗濯機，テレビ，冷蔵庫，いわゆる「三種の神器」の普及率をみると，「昭和35年（1960），それぞれ40.6％，44.7％，10.1％だったが，昭和40年（1965）には，72.7％，90.3％，62.4％」[34]に増加し，これらの新製品は短期間で驚くべき速さで普及したのである。また，食品部門でもインスタント食品，冷凍食品が三種の神器と同様に普及し，食生活が変化するなど，戦前とはまったく異なる大衆消費社会が出現することになったのである。

このように急速な経済成長がもたらした大衆消費社会は，日本の流通機構に大きな影響を与え，大規模化・近代化の傾向が現れた。それの先頭を切ったのは，いうまでもなく百貨店とスーパーであった。これらの大規模小売業は，多店舗化，店舗の大型化を展開しながら成長したのである。

1953年には，百貨店の売上高はほぼ戦前の水準まで復活した。加えて，百貨店の店舗の新増設が急速に進められた。百貨店の新設をみると，1952年，大阪ではそごうが，東京では白木屋が再出店した。また，銀座の三越，松坂屋

が改装・増築を行った。1953年には,新宿の伊勢丹,横浜の松屋が増築,開店した。こうして,1948年の119店あった百貨店が1954年には158店と増加したのである。

そして,1950年代後半から1960年代にかけて,ターミナル百貨店の東京での大量出店が本格的に行われた結果,1960年代以降は,大型化・多店舗化を進める都心百貨店とターミナル百貨店との競争が激しくなり,百貨店の戦国時代を迎えたのである。

著者によって異なるが,日本においてスーパーが登場したのは,「1953年に東京・青山にオープンした『紀ノ国屋』が最初のセルフサービスの店であったとされている。その後,1956年西武百貨店が設立した『西友ストア』,1957年『主婦の店ダイエー』が開店した」[35]。このように,中規模あるいは小規模からスタートしたスーパーは,上述したような変化の下で,小売業相互間の激しい競争を通してではあるが,少なくとも資本的な零細性は克服し,食品,雑貨,薬品を取り扱うチェーン店を増やしながら,家電,生鮮三品,衣類,家具などを増やし総合化と店舗の大型化を図ってきた。日本のスーパーは食品に限らず,日常生活に必要な商品を取り揃えて置くという独自の展開をみせるようになった。スーパーは,高度成長期における大量生産の産業構造を支える形で飛躍的に発展したのである。1960年代初めには企業基盤の脆弱性が懸念されていた新興のスーパーは,この時期その足場を固め,1972年総合スーパーダイエーが,百貨店トップの三越を超えて,小売業第1位の座を百貨店から奪うまでに成長したのである。

このような百貨店の回復やスーパーの発展は,膨大な数にのぼる中小小売業,とくに従業者数1～4人規模の小零細小売業を圧迫し,中小小売業問題を引き起こした。この時期,中小小売業の大部分は,労働力を家族だけで賄う生業的段階に止まっていたのである。

森下教授の中小小売業問題の定義に沿って,この時期の中小小売業問題を定義すると,以下のようにまとめられよう。まず中小小売業の対立者は,百貨店とスーパーであり,中小小売業の存立基盤の変動理由としては,急速な経済成

長を伴う大衆消費社会の出現という社会経済環境の変化を迎えたことである。しかし，ほとんどの中小小売業にとっては経営資源を蓄積することができなかった。また，高度経済成長を遂げたとはいえ，二重構造は戦前と同様に残っており，その経済の構造的変化が不徹底であったことも中小小売業問題の一つであったといえよう。

　以上のように大規模小売業対中小小売業の競争に集約される対立関係は，今日に至るまで長い間，中小小売業問題として規定されてきたのである。

2）中小小売業問題に関する諸見解
　竹林庄太郎教授は，大正12年（1923）にみられた百貨店の大衆化以前にも「中小小売業問題」はあったと主張し，次のように述べている。「所謂，中小商業問題は当面の問題であると同時に，また歴史的な課題である。人々は中小商業問題の発生を大正末期に限定づけているが，実はそうではなく其の萌芽は我が国に於ける大工業制度の確立期たる明治末期直後に於いて既に発足していたのであった」[36]。竹林教授のこの主張は，明治30年代になって産業資本確立期を迎え，基礎的な諸重工業や関連諸部門が成立し，大企業による資本の集積集中が進行し，工業における独占段階が形成された時期に，三井呉服店（1904），いとう屋（現在の松坂屋，1910），松屋，高島屋，白木屋（現在の東急百貨店，1919），大丸（1920）などの百貨店が誕生したことを前提にした主張である。

　この時期にすでに竹林教授は，「中小小売業問題」が潜在化していたと唱えた。すなわち，独占的商業資本の成立によって「中小小売業問題」が発生したと指摘したのである。この指摘は，中小小売業を大規模小売業と単に区別するための認識にすぎなかった。

　これに対して，松井辰之助教授は大規模小売業との紛争に集約される問題の担い手として中小小売業を「資本制大商業の資本圧力によって外部から脅威被圧せられ，その埒内面において経営経済的な脆弱性と数的な尨大性と過多性のために悩むことによって，社会的に問題を担いだすところの，そうした範囲の

商業群を包括的に総称したものである」[37]と認識した。すなわち，大規模小売業と対立し，それによって圧迫され，経営難に陥っている非資本的な経済的弱者であるものを中小小売業と規定したのである。

　これを受けて，糸園辰雄教授は，「大の小に対する，資本制商業の前資本制商業に対する圧迫というより，独占的商業資本による非独占商業資本の収奪と規定すべきであろう。単なる圧迫ではない」[38]と強調した。また，糸園教授は「経営規模が小さいこと，零細であることが，そのまま問題であるのではなく，独占的商業資本（副次的に独占的商業資本）によって圧迫され，収奪されて平均的な利潤を確保できず，経営発展の展望をもちえず，恒常的な経営難にさらされていることが中小商業問題という矛盾である」[39]と定義し，収奪という関係でより踏み込んだ認識を示したのである。要するに，独占商業資本は，圧倒的な資本力と経営能力を駆使しながら，限られた地域において独自の商品・サービスを消費者に提供することで，一定期間独占的な地位，つまり独占的利潤が保証される。この期間中，競争は起こりにくい状態となり，特に中小小売業においては，この独占商業資本が獲得した利潤の残りしか望めないし，この残りの利潤を確保するため，中小小売業は相互に激しく競争するのである。このような中小小売業間の競争の激化は，低い利潤をいっそう低くする過当競争をもたらし，中小小売業においては過当競争が常態化する。

　このように，大規模小売業の締めつけと圧迫によって生まれる中小小売業相互間の過当競争が一段と激化することによる経営の困難さの方が深刻な問題であろう。

　さらに，出家健治教授は「中小零細商業のたえざる過当競争と経営難は，これらの独占資本の収奪の結果による構造的なものであって，中小零細商業にとってはとうてい抜け出すことのできない矛盾として意識される。このような社会的経済的な構造矛盾が『中小商業問題』として発見するのである。かくして中小商業問題は，①『独占的産業資本』対『中小商業』という関係において，そしてその多くは『系列化問題』として発見し，②『独占的商業資本』対『中小商業』という関係において，そしてその多くは小売業の『大型店問題』

として発見する」[40]と中小小売業問題を具体的に示している。坂本秀夫教授も，出家教授と同様に主な中小小売業問題は大規模小売業との対立関係に集約されるとし，「中小商業問題の中核として大型店問題（大型店出店調整問題）が存在する。大型店問題とは，端的にいうならば，大型店出店をめぐる大型店対中小商店の紛争に集約される。大型店問題はいわば『狭義の中小商業問題』である」[41]と強調している。

このように既存研究における中小小売業問題に関する諸定義のなかには，中小小売業を中規模あるいは小規模と区分することなく，中小小売業全体を大規模小売業によって収奪・圧迫される存在であると認識してきたのである。

しかし，このような構造的な問題性を重視する見解は，中小小売業の存立構造を理解する入り口ではあっても，中小小売業において最も重要であったはずの中小小売業をいかに発展させていくかという根本的な問題解決や，中小小売業の方向性を打ち出すまでには至っていないと思われる。

また，これらの「中小小売業問題」に関する諸見解は，小売商業政策の研究に重大な影響をもたらし，中小小売業の保護につながったのである。

したがって，以降は中小零細小売業全てを非資本的な経済的弱者であると見なした従来の諸研究におけるそれらの概念規定特に，資本概念について考察する。そして，小零細小売業の概念規定に関する問題点を提示する。

2．小零細小売業の概念規定に関する諸見解

初期の中小小売業研究では，小零細小売業を研究対象にしながら，中小小売業あるいは中小商業の概念のなかで，一括的に捉え，大規模小売業との対立関係でみた収奪・圧迫される存在として認識し，中小零細小売業全てを零細的なものとして理解してきた。しかし，番場教授は「『中小零細小売業』のなかには文字どおり異なる階層が存在している。そして，それら各階層内部にもそれぞれ異なった属性を有する階層が存在する。そのため，それらを等しく同一の視角から分析したのでは本質を見失ってしまう恐れがある」[42]と述べ，小零細小売業を明確に規定する必要があると強調している。

そこで，小零細小売業の認識において問題とされる従業者規模を基準とする概念規定について検討する。

はじめて中小商業を体系的に分析した竹林教授は，上述したように単純二極構造つまり，大規模小売業の対極を形成する零細なるものとして中小小売業を捉えた。教授は，「我々に依れば中小なる言葉は便宜的な使用である」[43]と述べた上で，「中小商業者の規模は著しく零細である」[44]とも述べ，量的区分において「中小」という表現は問題にならないとした。そして，「そこに投じられた資本は，従って資本たる性質さへ現はさなくなった。利潤から見放された變形的な資本がそこに発見せられた。利潤を度外視した商業を生んだといふ事は，彼等の投じた資本は，彼等の勞働に對する場所乃至地位を提供するに止まって，並に，その勞働に對する報酬をだけ約束しはしたが，その資本分に對する反對給付まで請合はなかったのである。それ故に，かかる矮小的な中小商業に於ける資本概念は，いふところのそれとその性格が甚だしく逸脱したものといふべきである」[45]と述べ，その質的内容が問題であると指摘したのである。要するに，教授は小零細小売業を中規模に入れ，総括して捉えたのである。

この竹林教授の見解に対して，牛尾真造教授は昭和22年（1947）の『事業所統計調査結果』を用いて従業者数5人を基準にそれ未満を零細小売業，それ以上を中小規模商業と区別した[46]。さらに「問屋資本としての卸賣商に對する小賣商，それも百貨店や連鎖店などを除いた個人組織の，しかも従業者二人内外という零細小賣商——その意味で，小（商品）生産者に對して，小商人とでもいうべきあろう——である」[47]とし，従業者数2人以下を零細小売業の下層として規定した。また，芹沢彪衛・秋山穣教授は，「零細商人の経営上の困難の問題は，それが巨大資本の圧迫によるという意味においては，中位の資本と一本にして中小商業と云ってもよいかも知れぬが，その経営が資本家的であるかどうかと云う点から分類するなら，問題は中小でなく小，即ち零細商人について別に論ずべきものと考える」[48]と唱え，小規模小売業も零細小売業として位置づけた。

これらの諸見解は，中小零細小売業を何らかの基準をもって分類し研究するという当時では画期的な取組みではあったが，牛尾教授の見解においては，中小規模小売業については区分しておらず，また零細小売業をも細分化しているが，その上層に当たる従業者数3〜4人規模については述べていない。また，事業者を含めた従業者数であるか否かは明確ではないため，その対象としている零細小売業が抽象的である。そして，芹沢・秋山教授は何を基準にして分類するかまでは言及していないためその実体が曖昧である。しかし，3人の教授の小零細小売業に関する質的規定においては類似している。牛尾教授は，「零細小賣商としての小商人の場合，地代家賃・租税公課・點燈暖房費などが，相對的に高い比重を占めているということである。こういった支出の費目中には，おそらく非營業的な個人の消費生活がかなりの巾をもって，まぎれこんでいるからであろう」[49]と述べ，経営と家計が分離していないことを指摘した。なお，芹沢・秋山教授も同様に「零細経営においては，経営と個人消費生活とが分離出來ないのが特徴である」[50]と規定したのである。

　また，小零細小売業における資本概念については，諸教授らは「資本ではない」とまったく同じ見解を展開している。牛尾教授によれば，「業主自身の勞働に對する報酬，實質的には指揮・監督賃銀はもちろん，家族勞働に對する報酬，つまり家族勞賃ともいわれるべきものが全然見込まれていないから――逆にいえばこういった形態での無償勞働が多分にいりこんでいるから――である。このような計算の結果えられた『利益金』が，金額の多少はおいて問わぬにしても，『利潤』の概念に値しないものであることは，明らかであろう」[51]と述べ，「この指揮・監督賃銀――むしろ生計費そのもの――にしかすぎない『利益金』を生みだすかれらの『資本金』なるものもまた，およそ『資本』のカテゴリーとは無縁な，『單なる貨幣の蓄積』以外のなにものでもない」[52]と主張した。牛尾教授は，利潤概念の未成立が多かれ少なかれ，受取る貨幣量の大きさの問題にかかっていると見なしたのである。

　以上のような諸見解は，ほぼ同一的な質的内容からも分かるように，戦前・戦後直後の混沌の時代に露店商や行商を含む零細小売業と相対的過剰人口との

関連で，その日暮らししかできない多数の窮民層を対象にしたため，小零細小売業を幅広く規定したとみられる。

これに対して，森下・糸園教授は零細小売業を事業主あるいは家族労働に依存しているものとして規定し，他人労働に依存している中小小売業と明確に区別した。そして，零細小売業を資本規模の最下層に位置づけたのである。

森下教授は，「小商人とここにいうのは，自分だけで，あるいは家族労働だけで，零細な商業を営むもののことである。これらの小商人は商業資本家ではない」[53]とし，零細小売業を小商人として規定しているが，その量的な区分については明確に述べていない。また，森下教授は零細小売業も形式的ではあるが，資本の運動を行っていると指摘する。教授によれば，「いかに零細なものであろうとも商業の開業にはなお若干の貨幣元本を必要とするであろう。彼はこの貨幣をもって若干の商品を買入れ，それを一層高い価格で売ることによっていくばくの差額を取得するであろう。これを形式的に表現すればG－W－G′となり，全く商業資本の運動に一致する。しかし，彼の貨幣元本は資本ではなく，彼の受取る差額は商業利潤ではない。彼の受取る差額はその性質上商業労働者の賃金に相当するものであり，彼が最初に支出する元本はこの賃金を受取るための準備金に過ぎない」[54]と主張した。しかし，上述した教授の零細小売業の定義のなかでは，資本ではないとしているが，それは資本によって生み出される利潤量の問題からである。この点については，牛尾教授の主張と類似している。

一方，中小零細小売業の階層区分を最初に行ったのは，糸園教授である。教授は，「われわれが中小商店といい，また中小小売業と呼ぶとき，その底辺に，零細商業をふくめ，ある時には零細商業の特質をもって中小商業全体を特徴づけることさえするのである。しかし，中小商業と零細商業とは異なった概念として明確に区別する必要があると考える」[55]と強調したのである。そして，教授は「零細商店のうちとくに常時従業者1～2人規模では，圧倒的部分が常時雇用従業者を使用していない，つまり事業主と家族従業者のみで担われている個人商店（乙商店）である。そして常時従業者をもつか，法人であるかと

いう甲商店と乙商店とのあいだの商業における性格，たとえば生業的性格には強弱の差があり，また販売効率上でも優劣が見受けられる」[56)]とし，個人商店を含んだ従業者数1～4人規模の小売業を零細小売業として規定した。また，教授は昭和42年（1967）の『第2回商業実態基本調査報告書』を用いて，営業費と家計費の分離状況について考察し，零細小売業は「生業そのものであり生計の資をうればよく，利潤範疇はもちろんここでは成立しない」[57)]と指摘した。そして，中小小売業の底辺部分を形成する生業的なものとして零細小売業を定義したのである。

しかし，杉本修教授は糸園教授と異なった見解を展開した。杉本教授は，「こうした従業者数を指標とした場合，それはあくまでも，当面の分析に際しての便宜的指標であり，量的指標に基づく規模区分にすぎない」[58)]と述べ，「従来いわれてきた従業者規模のみを基準として，従業者数1～2人あるいは1～4人の階層の商店を総体として零細小売商業と規定してしまう方法は統計上の『事実』であっても，実態からは大きく離れてしまう」[59)]とし，従業者数1～4人の個人企業のなかには，家計の一部を補助するための兼業・副業的な性格をもつものがあると指摘したのである。そして，「零細小売商業の大部分を占めるのは，家計の主たる収入源を商店経営に求める生業的小売商業である」[60)]と規定した。杉本教授は，本来の生業的零細小売業の実態を正確に把握するためには，兼業・副業的なものは除外して考える必要があると主張し，従業者数1～4人の小売業は決して同質的なものではないと唱えたのである。

杉本教授は，森下教授と同様，零細小売業を小商人として定め，「小商人は自ら単独で，あるいは家族も含めて，さらにある場合には何人かの雇用者を用い『経営』を行う自営業者である。その経営の動機は決して利潤の極大化ではなく，業主所得の極大化である。だが小商人も決して一様の階層ではなく，その形態は独立の店舗を有する商人から，露店商，行商人までを含んでいる。またその上層部では家計と経営の分離が進み，企業としての体裁を整え，中小小売商業資本的色彩をおびはじめてきているものも有るし，下層には全く家計補充的目的しかもたないもの」[61)]であると規定し，零細小売業を質的な差異に基

づいて捉えたのである。

　以上のように，小零細小売業に関する諸見解に多少相違点がみられるが，それは従業者数規模の量的範囲及び従業者の定義，つまり事業主を含む家族労働なのか，他人労働者なのかをどのように認識するかという観点から生じたのである。

　多くの研究者は，資本と労働が分離され，資本が資本として機能しているか否かという零細概念を優先した。つまり，自分も売買活動には参加するが，小資本家として賃金労働者を雇って，その労働者から剰余価値として利潤を上げているか否かということを重視したため，小零細小売業の質的規定はほぼ同一的内容で，生計の維持を目的とする「生業的なもの」・「非資本的なもの」として捉えたのである。

　このような一律的な零細小売業における資本の概念に対して，茂木六郎教授は反対意見を展開した。茂木教授は，零細小売商業を「商業労働者を雇用しない小売業に限定する」[62]と規定した。そして，それに関する資本概念について「資本とは本来『自己増殖する価値』であり，資本制生産様式下の商業資本は，G－W－G′という運動形式におけるWが，産業資本の商品資本であれば充分であり，G＜G′の条件さえ充たせばよいであろう」[63]と述べ，零細小売業も商業資本であることを強調した。また，零細小売業の家族労働については「彼の資本が小さければ，『彼自身が彼の使用する唯一の労働者であってよい』」[64]とマルクスの『資本論』を引用し，必ずしも賃金労働者を雇用する必要はないと主張した。なお，零細小売業の利潤概念に関しては，商人によって前貸しされる資本の量が少なければ，当然実現する利潤の量も少ないのであって，場合によっては熟練労働者の賃金より低くなることさえあり得る[65]と述べ，零細小売業者の収入が賃金相当の収入であったとしても，その収入はまぎれもない商業利潤のみを源泉とするものであると唱えたのである。

　出家教授は，茂木教授の見解を継承し，零細小売業の資本・利潤概念をマルクスの『資本概念』に基づいて検証している。そして，零細小売業の経営目的ははじめから生活費の獲得であったと見なす従来の見解を批判し，次のように

述べている。零細小売業は，「『まさに成行きまかせで主体的に営業活動を行なう体質をもち合わせていない』のではなくて，『主体的に営業活動』をおこないたいという意思はもっているにもかかわらず，経済的な『存在形態』が，つまり平均以下のわずかの商業利潤しか手に入らないという経済的状況が，『意思形態』を規定してしまい，『やる気を喪失』し，『成行きまかせ』になってしまっていることを指摘したいのである。零細小売業といえども『主体的に営業活動』をおこないたいという意思，つまり $G' > G$ の目的意識はもっているのである。ただそれが『結果』として実現しないだけである。だから，このように経済的な存在形態の『結果』として『主体性が喪失し，成行き的になる』のと，はじめから『主体性が喪失し，成行き的である』のとでは大きな違いがあるといえる。こうした認識の相違は，まさに零細小売業の『結果』を零細小売業の『本質』ととらえたところから生じたといえ，またそこに従来の零細小売業の規定の誤りがあるといえる」[66]。つまり，零細小売業者が獲得する利潤の量は多かれ少なかれれっきとした資本であることを指摘すると共に零細小売業における現実的な問題として経営上の困難さを提示しながら，従来の見解の過ちを指摘したのである。さらに，教授は「価値増殖を『目的』として投入する貨幣は『資本』として位置づけられるのである」[67]と規定し，「どういう『目的』であるいはどういう『意図』＝『動機』で貨幣を投入したかが『資本』として問題なのである」[68]と指摘したのである。筆者も出家教授の見解に同意しており，小零細小売業において得られる利潤の量よりもどういう目的で使われるかという「動機」つまり，「経営目的」が重要な問題であると考える。

　一方，番場教授は，「零細小売業を他の小売業と区分する量的な指標としては従業者規模が最も有効である」[69]と評価した上で，零細概念とのかかわりのなかで，しばしば問題視された従業者規模の概念規定における他人労働者の有無に関する従来の見解に反論を展開した。

　教授は，零細小売業とは事業主・家族労働者・縁故労働者による小売業であるという既存の定義を確認し，「家族労働者等による小売業をして零細小売業と規定するということは，零細小売業の従業者規模は小売業者世帯・家族の規

模と直接連動するものである」[70]と指摘した。そして，平成7年（1995）の『国勢調査』と平成9年（1997）の『商業統計表』を分析し，商店主世帯の平均就業者数と個人事業主・無給家族従業者数が減少傾向であることを明らかにした。その上で，その数値が時代と共に変化することが問題であると強調したのである。要するに，零細小売業が質的概念を前提に規定された場合，時代の変化に伴って家族構成員も変化する可能性があり，時によっては人手が不足して他人労働者を雇うこともあり得るのである。そのため，それに見合った従業者規模の概念規定も見直す必要があると指摘したのである。よって，教授は「零細小売業をそれ以上規模の小売業と区分しようとするときに，そこに他人労働が入っているか否かを第一義的な基準とはできない」[71]と主張したのである。

以上のように，茂木，出家，番場教授は，零細概念を優先し，生計の維持のために家族労働者によって営まれる小売業として零細小売業を位置づけた従来の見解に対して批判を行い，零細小売業においても，商業活動を通して得られる差額（$G' - G = \Delta g$）はまぎれもない利潤であることを強調し，資本的な性格をもっていると主張した。また，従業者規模の概念に関しては，零細小売業者の資本が少なければ，事業主あるいは家族が商業活動に参加しても別に問題ではないと指摘し，他人労働者の有無は意味ある基準ではないと主張した。

このことから，零細小売業は生計維持を目的とする存在として認識されるだけではなく，無限大の成長可能性を内包した存在として捉えることもできるだろう。

しかし，3人の教授は零細小売業の現状分析においては，従来の見解を踏襲し，従業者数1〜4人規模の小売業を零細小売業であると規定しており，従業者数1〜4人規模の小売業のなかでも，それぞれ特性をもつ多様な存在があることについては言及していない。つまり，上述した諸見解に鑑みると，家計と経営が分離されているか否かは問題にならないということであろう。

したがって，以下では，質的規定に関しては出家健治教授の「どういう目的で貨幣を投入したかという問題」意識を尊重し，さらに，量的規定に関しては

糸園辰雄教授の見解を参考にしながら，「家計と経営がはっきり分離しているか否か」を重要な指標として，従業者数1～4人規模の小売業を「小零細小売業」として研究を進めることにする。

3節　問題提起

　これまで，商業資本論を中心に，今日まで小零細小売業がどのように認識されてきたのかについて歴史的な背景から分析を行うと共に，既存研究における小零細小売業に関する概念規定について考察してきた。

　まず，中小小売業研究の初期段階においては，中小零細小売業全体が零細なものとして捉えられ，非資本的な経済的弱者として見なされてきたのである。その理由としては，戦前・戦後間もない頃までの「相対的過剰人口の受入先」としての認識と大規模小売業との対立関係から収奪・圧迫される存在として問題視した「中小小売業問題」が深くかかわっている。要するに，戦間期における金融恐慌・震災による不況下で，生活維持のために多くの人々が小売部門に小零細小売業として参入した。そして，第2次大戦後においても大陸からの引揚者や復員兵などにとって小零細小売業は数少ない参入場所であった。すなわち，小零細小売業は窮民層の受け皿として雇用の役割を果したのである。

　その結果，小零細小売業は必然的にその規模を拡大したのである。そして，当時の研究ではその日暮らししかできない多数の窮民層を対象にしたため，中小零細小売業全てを零細なものとして認識したと推測できる。

　その後，このような「相対的過剰人口の受入先」としての認識は，経済発展と共に薄くなっていった。1950年に勃発した朝鮮戦争を契機に日本の経済は飛躍的に成長し，個人消費も大幅に増加した。経済成長率が長期にわたって異常な高さを保って続いたことによって，市場において競争の程度は緩和され，スラックが生じたため生産性の低い店舗においても市場で生存する機会が生まれたのである。よって，小零細小売業の過多性は依然として維持されたのである。

また，高度経済成長期，消費財産業における大量生産の発展によって新製品が驚異的な速さで導入された。戦前とはまったく異なる大衆消費社会が現れたのである。この現象は，日本の流通機構に大きな影響を与え，大規模化・近代化の傾向が顕著になった。その先頭を切ったのは，百貨店とスーパーであった。この百貨店の回復やスーパーの発展は，膨大な数にのぼる中規模を含む小零細小売業を次第に圧迫し，中小小売業問題を引き起こしたのである。

　この時期，日本は高度経済成長を遂げたとはいえ，大規模小売業と小零細小売業の二重構造は変わらなかったのである。

　ほとんどが専門店である小零細小売業は，大規模小売業との競争のなかで，新業態の経営技術を導入したりあるいは品揃えの深さなどの専門店の特徴を生かすことによって発展することも可能であった。新業態のスーパーがその例である。

　中・小規模からスタートしたスーパーは，同・異業態間の激しい競争のなか，総合化と店舗の大型化を図ってきた。しかし，実際には多くの小零細小売業は現状維持に止まって積極的に対応策を打ち出さなかったのである。そして，小零細小売業は大規模小売業，特にスーパーを脅威的存在として感じていたにもかかわらず，流通規制によってスーパーの出店を制限する手段のみに頼り，経営努力はほとんど行わなかった。その結果，新業態のスーパーおよび経営革新を図った既存業態の百貨店との競争で市場シェアを失い，衰退したのである。

　これに対して，マルクス経済学に立脚する商業資本論の諸見解は，大規模小売業と中小小売業の対立関係だけに着目し，中小小売業＝小零細小売業として捉えた。つまり，中小零細小売業全てがそれによって収奪・圧迫される存在として位置づけられ，非資本的な経済的弱者であると規定したのである。

　しかし，このような見解は，本来重視されるべき小零細小売業の発展方策や方向性を打ち出すまでには至っていない。ともあれ，小零細小売業者が受取る差額の大小にかかわらず，自らの商業活動を通して利潤を得ているのはまぎれもない事実であり，この利潤は「資本」としての性格をもっているといえる。

真の問題はむしろ，得られた差額をどういう目的で使用するかという「動機」＝「経営目的」である。小零細小売業に関する既存研究の概念規定では，小零細小売業者の「経営目的」，自助努力の観点がなおざりにされている。

販売の側面において，大規模小売業が常に競争優位に立ち，市場シェアを拡大し，超過利潤を獲得する立場にあるとはいえない。また，たとえある特定の大規模小売業が市場シェアを拡大し，超過利潤を獲得したとしても，その市場シェアと利潤の増加分は，必ずしも小零細小売業の市場シェアと利潤を奪うとはいえない。それは，小零細小売業自身が差別化戦略を講ずることで，大規模小売業との競争に打ち勝つことができるからである。逆に，差別化戦略で失敗した企業は，その規模にかかわらず市場シェアを失い，利潤を得られなくなる。

たとえば，消費者は必ずしも大規模小売業に対して高い選好を示すとは限らない。小零細小売業も，取り扱う商品あるいは店舗の差別化によって市場を拡大し，利潤を増加させることも可能である。

また，既存研究においてもう一つの問題点は，商業集積における大規模小売業と小零細小売業との共存共栄の関係が無視されていることである。

現実の小売競争は，小売企業間の競争であると同時に，商業集積間の競争でもある。商業集積内部の大規模小売業の高い集客力は，集積全体の集客力を向上させる。つまり，他の小売施設から顧客を引きつけることによって，集積内部の小零細小売業にも顧客は集まる可能性がある。

したがって，集積内部の小零細小売業は大規模小売業と共に市場シェアを拡大し，多くの利潤を獲得することが可能である。

小零細小売業側も，大規模小売業の出店拒否のみに依存した従来のやり方を見直すべき時期にきているのではなかろうか。

注

1) 番場博之『零細小売業の存立構造研究』白桃書房，2003，13頁。
2) 日本の流通構造についての伝統的な見解は、「マルクス経済学派の日本資本主義分析，1952年から1958年頃までの日本の商業の実証分析およびアメリカやイギリスとの国際比較分析の結合から生じたものであった」。（田村正紀『日本型流通システム』千倉書房，1986，31頁。）
3) 森下二次也『流通組織の動態』千倉書房，1995，77頁。
4) 鈴木安昭『昭和初期の小売業問題』日本経済新聞社，1980，24頁。
5) 森下二次也，前掲書，77頁。
6) 加藤義忠「戦中の流通機構」加藤義忠・佐々木保幸・真部和義・土屋仁志共著『我国流通政策の展開』税務経理協会，2000，23頁。
7) 鈴木安昭，前掲書，253頁。
8) 鈴木安昭，前掲書，256頁。
9) 番場博之「零細小売業の認識」『千葉商大論集』千葉商科大学，1998，132頁。
10) 横井弘三『露店研究』出版タイムス社，1931，1頁～9頁を要約したものである。
11) 佐々木保幸「戦前から高度成長初期までの中小小売商業政策」加藤義忠・佐々木保幸・真部和義共著『小売商業政策の展開』同文舘，1998，142頁。
12) 鈴木安昭，前掲書，257，258頁。
13) 加藤義忠，前掲論文，13頁。
14) 鈴木武「流通政策と消費者主権――消費者不在の流通政策」橋本勲・阿部真也編『現代の流通経済』有斐閣，1978，244頁。
15) 番場博之，前掲書，21頁。
16) 通産統計協会編『戦後の商業統計表（第1巻）――産業別統計編』大蔵省印刷局，1983を参考にした。
17) 佐藤肇『日本の流通機構』有斐閣，1974，89頁。
18) 田口冬樹『体系流通論』白桃書房，2001，228頁。
19) 田村正紀，前掲書，64頁。
20) 田村正紀，前掲書，64頁。
21) 三村優美子『現代日本の流通システム』有斐閣，1992，3頁。
22) 中野安「1980年代日本の小売業」糸園辰雄編『現代資本主義と流通』ミネルヴァ書房，1989，3頁。
23) 保田芳昭「現代流通の展望」保田芳昭・加藤義忠編『現代流通論入門』有斐閣，1988，262頁。
24) 坂本秀夫『日本中小商業問題の解析』同友館，2004，328頁を参考にした。
25) 坂本秀夫，上掲書，332頁。
26) 中野安，前掲論文，4～5頁を参考にした。
27) 鈴木安昭『日本の商業問題』有斐閣，2001，50～53頁を参考にした。

28) 懸田豊「流通構造の推移からみる中小小売業」久保村隆祐編『中小流通業革新への挑戦』日本経済新聞社，1999，108頁．
29) 鈴木安昭「中小小売業問題とその系譜」『流通政策』第7号，1981，流通政策研究所，29頁．
30) 鈴木幾太郎『流通と公共政策』文眞堂，1999，35～45頁．
31) 森下二次也，前掲書，74頁．
32) 昭和時代に入って，百貨店は発展期を迎え，各百貨店は各地域に支店を開設した。三越は，昭和3年（1928）神戸分店を支店に改めたのを始めに，昭和4年（1929）から昭和8年（1933）までに銀座・新宿・金沢（昭和5年），高松（昭和6年），札幌（昭和7年），仙台（昭和8年）に支店を開設した。また，松坂屋は昭和4年，上野店を新築開店し昭和7年（1932）には静岡支店を開設した。銀座に本店を移した松屋は，昭和6年（1931）に横浜と浅草に支店を出した。白木屋も昭和6年末には分・支店数が14店に達した。

そして，昭和4年，日本において最初のターミナル・デパート「阪急百貨店」が開業した。阪急電車の神戸線が開通したのが大正10年（1921）であったが，梅田に建設した5階建ての駅ビルの2階から5階までを利用して，日用品の売場と食堂を開いた。これが好評であったため，地上8階地下2階延べ3,200坪の本格的な百貨店を開設したのである。そして，品揃えも通勤客を考慮して，食料品と日用雑貨に重点をおいた。東京でも昭和9年（1934）に，渋谷駅に7階建ての面積3,600坪の'東横百貨店（現在の東急百貨店）'が開業した。「これに続いて京浜電鉄の京浜百貨店（品川），東武鉄道の東武百貨店（浅草），京成電鉄の京成百貨店（上野）が，少し遅れて西武鉄道の西武百貨店（池袋）」（武嶋一雄「我国の百貨店の発達と第1次百貨店法（上）」『名城商学』，名城大学商学会，1979，32頁．）などがそれぞれターミナル百貨店として誕生した。

これらの電鉄会社が経営するターミナル百貨店の誕生の背景としては，人口の都市集中化と大都市における郊外化である。大正末期から昭和初期にかけて，産業の発達と共に人口の都市集中が進行した。それにより，地価や家賃が高騰し住宅を求めにくくなった。その上，生活環境が急速に悪化し，当時のホワイト・カラーと呼ばれる中産階級の人々は郊外に住居を求めた。郊外に住まいを構え，電車を利用して都心部にある職場に通勤するといったライフスタイルが生まれたのである。このような変化のなか，各都市で百貨店の新設がみられ，「昭和8年（1933）には36企業に過ぎなかったものが昭和11年（1936）には58企業を数えるに至ったのである」．（鈴木幾太郎，前掲書，113頁．）
33) 日本経済新聞社編『ゼミナール日本経済入門』日本経済新聞社，1994，50頁．
34) 森下二次也『現代の流通機構』世界思想社，1977，154頁．
35) 田口冬樹『現代流通論』白桃書房，1996，172頁．
36) 竹林庄太郎『日本中小商業の構造』有斐閣，1941，1頁．
37) 松井辰之助編『中小商業問題』有斐閣，1953，1頁．
38) 糸園辰雄『日本中小商業の構造』ミネルヴァ書房，1975，13～14頁．

39) 糸園辰雄「商業政策と中小商業」糸園辰雄・加藤義忠・小谷正守・鈴木武共著『現代商業の理論と政策』同文舘，1979，191頁。
40) 出家健治「独占段階の商業理論」小谷正守・出家健治共著『商業理論と流通政策』ミネルヴァ書房，1997，79～80頁。
41) 坂本秀夫，前掲書，17頁。
42) 番場博之，前掲書，33頁。
43) 竹林庄太郎，前掲書，序4頁。
44) 竹林庄太郎，前掲書，323頁。
45) 竹林庄太郎，前掲書，321頁。
46) 牛尾真造「零細商業の社会的性格――いわゆる「小商人」の日本的特質について――」松井辰之助編『中小商業問題――中小企業叢書Ⅳ――』有斐閣，1955，57頁。
47) 牛尾真造，上掲論文，60頁。
48) 芹沢彪衛・秋山穣『日本商業論――自由・独占・統制――』河出書房，1951，124頁。
49) 牛尾真造，前掲論文，62頁。
50) 芹沢彪衛・秋山穣，前掲書，127頁。
51) 牛尾真造，前掲論文，62頁。
52) 牛尾真造，前掲論文，62頁。
53) 森下二次也『現代商業経済論（改定版）』有斐閣，1977，279頁。
54) 森下二次也，上掲書，279頁。
55) 糸園辰雄『日本中小商業の構造』ミネルヴァ書房，1975，58頁。
56) 糸園辰雄，上掲書，58～59頁。
57) 糸園辰雄，上掲書，107頁。
58) 杉本修「小売商業の階層性について」『北海道商工経済研究』第16号，北海道立総合研究所，1978年3月，20頁。
59) 杉本修，上掲論文，21頁。
60) 杉本修「零細小売商業における新規参入・転廃業（Ⅰ）」『北海道商工経済研究』第18号，北海道立総合研究所，1980年3月，41頁。
61) 杉本修「中小商業をめぐる諸問題」『北海道商工経済研究』第14号，北海道立総合研究所，1976年3月，32頁。
62) 茂木六郎「零細小売商論によせて――マルクス経済学の立場から――」『中小企業季報』No.4，大阪経済大学中小企業経営研究所，1978，1頁。
63) 茂木六郎，上掲論文，2頁。
64) 茂木六郎，上掲論文，2頁。
65) 茂木六郎，上掲論文，2頁。
66) 出家健治「零細小売業の一般的規定＝本質的規定の再検討――「資本的性格」の喪失に対する批判――」『熊本商大論集』第38巻第1号（通巻第89号），熊本商科大学，

1991,29〜30頁。
67) 出家健治,上掲論文,18頁。
68) 出家健治,上掲論文,19頁。
69) 番場博之,前掲書,35頁。
70) 番場博之,前掲書,35頁。
71) 番場博之,前掲書,37頁。

3章 経営目的の観点からみる小零細小売業の分析

今日まで，小零細小売業は中小小売業と対立する存在ではなく，中小小売業の一部分として位置づけられていた。そもそも，中小小売業の範囲は相対的であり，その上限がどこにあるかという問題は長い間議論されてきた。これについて鈴木安昭教授は，「現在制度上規程（原文表記のまま——筆者注）されている中小小売業の，そして小売業の小規模企業の，上限はあくまでも制度運営の必要上定められたのであって，歴史的にも相対的に変動する運命にある基準である」[1]と指摘した。これは簡単に解決できない問題である。

　ともあれ，序章で述べた如く目まぐるしい環境変化の下で，『中小企業基本法』は改正され，中小企業の定義が経済実態に合わせて見直された。小売業においては資本金額を1,000万円から5,000万円に引き上げたことで，中小小売業の範囲は拡大されたのである。このように中小小売業の範囲が拡大したことによって，その内部に存在する質の異なる階層の把握が要請された。つまり，規模的な多様化が進行するにつれて中小小売業を一本化して捉えるよりも中・小・零細層にそれぞれ分類して取り上げることが必要となったのである。

　したがって，本章では中小小売業のなかの「小規模小売業」と「零細小売業」を研究対象とし，『改正中小企業基本法』が市場主義，企業家精神主義に基づいて，中小小売業をイノベータとして位置づけたことから，小零細小売業についても企業として見なし，それらの経営目的の観点から分析を試みる。百瀬恵夫教授によれば，「大企業，中小企業を問わず，確かな発展を遂げている企業に共通することは，トップが経営理念や経営哲学を持ち，それを全従業員に浸透させ，企業の成長と発展とともに社会に貢献しようとしていることである」[2]と指摘している。ここでいう経営理念とは，会社は何のために存在しているのか，経営はどういう目的でどのようなやり方で行っていくのかという点についての基本的な考え方である。

　本研究において分析基準として提示している「経営目的」は，このような経営理念を土台とするものであり，企業としての存続に影響を与えるものであると考えている。すなわち，本章の目的は小零細小売業を企業成長プロセスの一段階として位置づけ，それらの実態を明らかにすることである。つまり，小

零細小売業は零細な存在であると，まるでその実態が止まっているように結果論的に捉えた既存研究に意義を唱えると共に，小零細小売業は企業ライフサイクルのような動態的な過程のなかで絶えず変化する存在であることを強調したい。そして，この研究を通して2章で考察したように小零細小売業を従来の零細概念に基づいたネガティブな存在として捉えるのではなく，成長可能性を含んだポジティブな存在として認識すべきであることを提示する。

1節　小零細企業の概念と経営目的

　1982年以降，小零細小売業の減少は着実に進行し，深刻な問題となっている。もはや今日，小売部分において経営能力のない自営業者の開業・商いは，容易にできるほど甘い状況ではない。事実，消費者ニーズの多様化や購買行動の変化に対応できない小売業はその規模を問わず，衰退していく。そこで，現実を直視し小零細小売業の再構成を試みることが必要であると思われる。

　しかし，1975年糸園辰雄教授によってはじめて，中小零細小売業の階層区分が行われたが，いまだに小零細小売業を企業として見なし分類を行った例は少なく，近年においてはほとんど存在しない。2章で考察した如く，竹林庄太郎教授をはじめとする多くの中小小売業研究者は，中小小売業＝小零細小売業と規定し，大規模小売業によって収奪・圧迫される非資本的な経済的弱者と認識し，両者を区分することなく同じ研究対象としていたからだと考えられる。このような見解が主流を成していた理由は，初期の中小企業論が大企業と中小企業の間の生産性の格差を問題視した「二重構造」に影響されたからであろう。ところが，中小企業論研究者が中小企業の本質を把握するため，研究を進めるうちに，中小企業といってもその質を異にする零細企業の存在を認識したのである。また，序章で指摘したように高度経済成長期に，中小企業の内部における格差も問題となり，零細企業について研究が行われた。

　したがって，ここでは「中小企業論」において小零細企業をどのように捉えたのか，ということと共に，小零細企業は何を経営目的としているのかについ

て述べる。また，中小小売業に関する研究のなかでも，特にそれらの経営目的について言及した諸研究を考察する。

1.「中小企業論」における小零細企業の概念と経営目的

　日本における中小企業に関する研究は，明治時代に「在来産業問題」として取り上げられたが，特に「『大工業』と対置された『小工業』概念が普及したのは大正時代になってからである」[3]。いわゆる「二重構造」を問題としたのである。

　この時期の研究は，主にドイツの社会政策学会に強く影響され，「機械と動力を使用する工業を『大工業』と手工業や家内工業を『小工業』と規定」[4]した。そして，大正末期から昭和初期にかけて「小工業」に代わって「中小工業」という概念が普及するようになった。当時の研究は，大と小を区分する概念にすぎなかったのである。

　その後，多くの研究者によって中小企業の本質の把握が主張されたが，それを確立させたのは山中篤太郎教授である。山中篤太郎教授は，中小企業を「獨占を頂點とする資本の運動法則に圍繞されて矛盾を擔う中小規模の異質的集群」[5]として規定した。山中教授は，「企業の中の特殊である中小企業をとらえる試みは，この特殊を容れる一般である『企業』とは何か，を前提にせねばなるまい」[6]と指摘し，「企業」を次のように説明した。「人間に出でて人間にかえる社會法則である經濟の法則は，經濟における發展をさゝえる法則であり，従って發展──擴大再生産といってもよい──のないところ，不經濟が存在する，という見方から抑々出發する。企業はかゝる（原文表記のまま──筆者注）經濟法則の上に存在すべきものである」[7]。つまり，山中教授が述べている通り，企業たるものは経営目的を現状維持とするのではなく，成長・発展として自助努力しなければならない。そのために企業は，企業としての諸態勢を整えておく必要がある。

　これについて山中教授は，企業が発展を実現するためには複式簿記帳簿のような資本的経済計算の仕組みと追加資本の獲得力を備え，企業における市場・

競争関係を整備しなければならないと強調した[8]。要するに，企業は無駄を排除し効率性を追求するために経済計算を行うと共に，さらなる発展や競争に勝ち残るため研究・開発費のような投資が必要であるため，資本をある程度蓄積すべきである。この条件を満たしていない企業は規模の大小を問わずその存続が危うくなるのである。

また，山中教授は1957年通産省（現在の経済産業省）によって調査開始された『中小企業総合基本調査』を高く評価し，これを用いて中小企業における内部区分を試みたのである。そのなかで，教授は前述した「資本的経済計算仕組み」の有無を基準に従業者数10人以下の企業を「小規模企業」として規定し，小規模企業の本質について「経済計算の上で何等か本来の意味でこれを欠いている組織體制にある企業は，かつて，手工業，家内工業が工場制度に對比して質的に小工業と規定されたように，一般資本制企業に對して企業以外のもの，あるいは，一歩違いで，企業として未熟のもの，と規定し得る」[9]と指摘したのである。

このように教授は，企業にとって重要なのは，追加資本の獲得力であることを強調し，また本来企業がもつべき性質を判断する基準として経済計算の仕組みの有無を提示し，中小企業を分析した。筆者も山中篤太郎教授の見解に同意しており，山中教授が強調する追加資本の獲得力とは，小零細小売業が得られた差額をどういう目的で使用するかという「動機」＝「経営目的」を意味すると筆者は理解するものである。

山中教授の研究の後，中小企業研究において小零細企業はあまり注目されなかったが，高度経済成長期に小零細企業が急増したことで，それを解明するための基本的分析が日本学術振興会中小企業委員会によって行われたのである。

当委員会は，国民金融公庫から零細企業に関する研究を依頼され，「零細企業の本質は何か。中小企業と零細企業の境界線はどこにあるのか。零細企業に対する政策は如何にあるべきか」[10]などの諸問題について共同研究を行い，1963年に報告書を発表した。この報告書は，上述した山中篤太郎教授の見解に影響されたとみられる。

そのなかで，磯部浩一教授は，「『零細企業』とよばれる存在が，生業的な色彩が強く，家族労働を中心として生産，あるいは販売に従事する『企業以前の経営』（山中教授）であることは，ほぼ，一致した見解である。ただし，『零細企業』とよぶ場合に，『企業』に強調点をおくか，『企業的性格の欠如』に強調点をおくかによって，見解が分かれる。内容的には『企業性の欠如』せる経営を概念規定の対象とする見解が多い。したがって，『零細企業』とよぶよりは，『零細経営』，『小規模事業』，あるいは『小経営』の如き呼称がより妥当であると考えられる」[11]と述べた。つまり，この見解は小零細企業が生計維持を目的として営まれているのか，あるいはさらなる成長・発展を目指して経営を行っているのかという「経営目的」からの規定であると思われる。磯部教授は，現状維持という低い経営目的に起因する企業としての諸態勢の不備を「企業性の欠如」としたのであろう。

　そして，磯部教授は「企業性の欠如」という点に強調点をおいて，零細企業を「『資本と労働の分化過程における中間的存在』であり，『生業と企業との中間的存在』で」[12]あると規定した。ここで，企業というのは教授が「企業としての属性は『資本による経済計算のしくみ』『資本の自己増殖運動』『資本蓄積』等々の表現で把握される」[13]と述べていることからもわかるように，零細企業が資本として機能しているか否かを基準として規定したと推測できる。また，教授は零細企業を中間的存在として位置づけているように生業と区別しており，「資本と労働の分化過程」[14]でそれを説明している（図表3-1を参照）。この分類は，本研究において非常に重要であるため，長くなるが紹介する。

　1段階においては，業主1人が生産に従事している場合である。雇用されない独立労働者がそれである。労働者であるが少ないながらも自己の資本を所有し，危険負担を負っているのであって，利益に関する計算も存在する。

　しかしながら，その利益は，自己の労働に対する報酬を含んでおり，労働報酬と資本に対する報酬，すなわち，賃金と利潤は明確に区別されていない。第1段階は資本と労働が未分離の状態であるという。

　2段階は，業主とその家族が生産に従事する場合である。この段階において

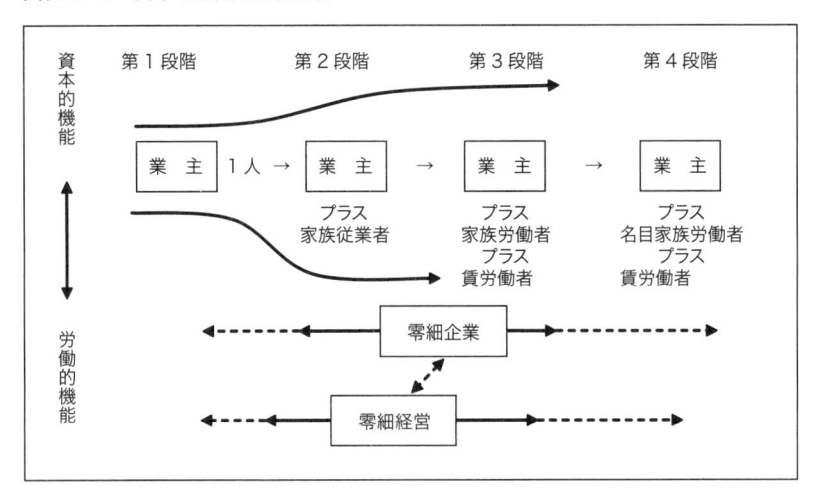

3章　経営目的の観点からみる小零細小売業の分析

図表3-1　資本と労働の分化過程

(出所) 磯部浩一「零細企業の本質について」『調査月報』No. 26, 1963, 国民金融公庫, 2頁から引用。

資本的機能を若干行うようになる。つまり，業主が労働過程から一部，分離するというべき状態となる。家族従業者には労働市場で成立する賃金率での賃金支払いは行われず，業主と家族従業者を含めた労働費用は，即生活費用という観念で意識される。1段階，2段階共に極めて生業的な色彩が強い。

3段階になると，家族労働者の他に賃金労働者若干名が雇用される。この場合，賃金労働者に支払われる賃金は，労働市場で成立する賃金率より以下で，純粋な意味での賃金計算は十分行われないことが多い。また，労働条件は家族従業者並みであって労働の場所と生活の場所が重なることも多い(住み込み)。この段階になると，業主は生産工程に従事する時間が少なくなり，それだけ資本的機能を果たす時間が増えるという。

4段階では，家族従業者が事務的な管理面の仕事を担当するか，単なる名目的な従業者となって，生産に従事するのは賃金労働者だけとなる。業主は完全に生産工程から分離し，資本的機能のみを果たすようになる。ここでは，賃金と利潤の概念も明確に分離し，分配が問題となる。

このように業種によってその差はあるが，家計と経営の分離は2段階以降であり，住居と事務所の分離は3段階以降であるという。よって，3段階で企業としての属性が現われはじめ，4段階において明確化する。しかし教授は，どの段階においても「生産，販売の活動が，即生活費プラス単純再生産の維持を目的とするものである限り，それは生業である」[15]と強調した。この磯部教授の見解は，山中教授の企業の規定のなかで「発展のないところ不経済が存在する」と指摘した見解と共通している。つまり，賃金労働者を雇用し，経済計算の仕組みを備えていても，経営目的が現状維持であって，そのために単純再生産しか行わない場合には，生業であると見なされる。この場合，2つのケースが考えられる。利潤の蓄積が不可能なために拡大再生産に移行できないケースと，利潤蓄積は可能であるが，これを個人資産の増殖の目的のみに使用し，企業の成長・発展のために再投資しないケースである。前者は売上高の減少や後継者難などの客観的要因により拡大再生産への移行が不可能な存在であり，後者は生活水準の向上という自己満足の主観的要因によって，拡大再生産が不可能となる存在である。1章2節で述べた如く，小売業においてはバブル経済期以降，後者を目指す小零細小売業者が増えつづけ，テナント業に転換するケースが多くみられた。

　一方，清成忠男教授は小零細企業を一括して小規模企業と規定し，「おおむね常時使用する従業員の数が20人，商業又はサービス業に属する事業を主たる事業として営むものについては，5人以下の事業者」[16]であると定義した。その上で，清成教授は小規模企業を経済的弱者として捉え，生業的性格，低生産性，経営不安定な存在であると特徴づけた従来の見解は小規模企業の現実の一側面しかみていない固定観念であると批判し，小規模企業を質的に多様である異質多元的な存在として捉えるべきであると強調した。要するに，小規模企業は「必ずしも産業社会の底辺に沈殿した停滞的・固定的な階層ではなく，絶えざる発生と消滅がその特徴である。しかも，零細から小へ，小から中へ，中から中堅へといった成長も決して例外ではない。つまり，小規模企業はその内部にダイナミックな変動を含んだ階層なのである。発生・上昇するものもあれ

ば，下降・消滅するものもある。いわば，社会的対流現象を絶えずくり返しているのである」[17]と指摘した。

このように，小規模企業をいつかは消滅する存在であるという負の側面だけで捉えるのではなく，それらの発生と成長の側面にも注目することで，小規模企業に対する総合的な展望が確立されると提起したのである。

そして，教授は「中小企業とか零細企業といってもそのすべてが必ずしも企業であるわけではない」[18]と指摘した上で，上述した山中篤太郎，磯部浩一教授の見解を引継ぎ「資本の自己増殖」，「資本蓄積」，「賃金労働者の有無」を「企業性」と定義し，これらを基準に「①本来の企業，②自営的企業，③生業的自営業，④副業的・内職的自営業」[19]と4つに分類し，それぞれの経営目的について言及した。

①本来の企業は，利潤の極大化を目的としており，②自営的企業は必ずしも資本蓄積を求める訳ではなく，利潤は個人資産として蓄積される場合もあるが，多かれ少なかれ拡大再生産が志向されている。そして，③生業的自営業の場合は，生活費としての業主所得の極大化であって，④副業的・内職的自営業は家計補助ないしは資産の蓄積の補助などを目的としている[20]と述べ，小零細企業の全てが現状維持や財産の蓄積による自己満足を志向するのではなく，一部は成長・発展を志向するものもいると指摘したのである。そして，個々の企業は必ずしも特定の階層に属するとは限らず，生業的企業と自営的企業との間の移動，自営的企業と本来の企業との間の移動というように，各階層間の移動が相互的に発生しうると唱えた。

筆者も，従業者規模を基準にその実態を把握することについては批判的であり，清成教授の見解の如く，異質多元的に絶えず発展と消滅を繰り返す存在であることに関しては同意している。しかし，小零細企業及び小零細小売業の研究・分析を行うに当たり，何を基準とするかについては，客観的な指標が必要であると考えている。つまり，従業者規模を基準に分類することは有効であるが，それを一元的に捉えるか，あるいは絶えず変化する存在として捉えるかという見方の問題であると思われる。

これに対して，上林貞治郎教授も磯部教授と同様に「資本と労働の分化過程」を考慮した上で，中小企業は中小の資本家として「一定数以上の賃金労働者を雇用しているもの」[21]と規定した。一方，零細企業に関しては「『自営業者』＝『勤労市民』——労働者を雇わず従って搾取をしていないが，自分も人に雇われずに自営している人々——は，中小資本家（労働者を搾取している）とも異なり，また賃金労働者（人に雇われて搾取されている）とも異なる一階級である」[22]と指摘した。このように上林教授も零細企業を中間的存在として認識していたが，利潤を追求し成長する存在としての「企業」とは見なしていないのである。そして，教授は零細企業を「僅かの労働者（例えば2～3人）を雇うが，自分も生産または売買上の『労働』をしている生産者・小商人——小営業者——基本的には，資本主義的でない『単純商品経済者』」[23]と，「自分の労働または家族労働だけで生産または売買の『労働』をしている小生産者・小商人——典型的な小営業者＝単純商品経済者」[24]の2種類に区分して，いずれも「資本家ではなく，個人経営の勤労者，僅かの賃金労働者をもつ勤労者である」[25]と定義した。上林教授の規定は，賃金労働者数を指標として量的に上限を設定したにすぎない。零細企業の質的な多様性については考慮されていないのである。

　このように上林教授は零細企業を「非資本的な中間的存在」であると規定した。しかし，2章2節で述べたように小零細小売業は，商業活動を通して$G-W-G'$という商業資本運動を展開し，$G'-G=\Delta g$という利潤を獲得しているため，資本としての性格を十分備えていることは明らかである。また，労働者の雇用の有無は重要な判断基準でもあるが，企業として成長していく過程に鑑みると，一定数の労働者を雇用するのは結果論であって，もしその資本が少なければ事業主が労働者として参加しても問題にはならないと思われる。たとえば，開業後事業が軌道に乗るまでは，低生産性を強いられている企業は少なくないのである。

　以下では，田村正紀教授の「中小小売業における企業家意識」に関する分析を中心に，中小小売業を企業と見なし，その経営目的を考察した諸研究につい

て述べる。

2. 中小小売業研究における小零細小売業の経営目的

W. J. Wittereich 氏は，中小小売業における「経営目的」を次のように述べた。

　中小小売業経営者の「目的が大企業の経営者と同様に所得，地位，権力，安全，名声，自己満足などであったとしても，相対的には求められやすいゴールを設定している。（中小小売業者は）あまり困難ではない限度の所得で満足し，自己の企業を所有しているということだけで社会的地位が満足され，少数の従業員を雇用するだけで権力欲が満たされる。もちろん，この満足の程度は多様であって中小小売業の多様性を反映している。最近のグループには，副業・兼業であって，家計補助の収入をもって満足するものがいる。最も多くを占めるのは，生業ないし家業と呼ばれるものであって，業主と家族の生活の維持が目的とされる。したがって，業主の資質，ライフサイクル，地域社会の生活水準などが，目的の設定を左右する。しかし，たとえ規模は小であっても，企業家として，利潤の極大化，資本の蓄積を目的に行動し，さらに企業規模の成長，社会的地位の向上について絶えず目標を高め，満足すべき終点を目指す中小小売業者もまた存在する」[26]。

　このように W. J. Wittereich 氏は，中小小売業の経営目的に関して述べ，中小小売業者のなかには家計を維持しながら，さらに規模の拡大を志向する異質多元的な存在として捉えられるものもあると指摘した。このことは小零細小売業に関しても当てはまるであろう。そして，この見解は本研究における「小零細小売業はキギョウである」という前提を裏づける意見であると考える。これは，大であれ中小零細であれ，企業である以上，常に成長を目指さなければならないことを意味している。つまり，Going Concern（継続企業）において成長の道を歩まなければ，Going とは言えないのである。よって，小零細小売業が企業として成長の道を歩むためには，まず経営目的を高く設定し，企業としての態勢を整備することが必要である。すなわち，小零細小売業者は家

計を維持しながら，しかもある程度の利益は将来のために貯蓄としてキープしておく必要がある。もし，小零細小売業者の経営目的が生計維持のためであるとすれば，商業資本論に関連する小売商業政策の研究で主張される，「保護」も適正であろう。しかし，現状維持のみを志向し，成長の目的がないというのは，結局衰退の道を歩むことになる。企業にとっては現状維持という考え方は存在しない。したがって，小零細小売業者も「成長意識」をもって自助努力しなければならないのである。

一方，田村正紀教授は，既存研究の見解と同様に中小小売業＝小零細小売業と見なし分析をしているが，興味深いところは「経営者意識」による中小小売業の類型化を試みたことである。しかし，教授の狙いは「中小小売商業近代化政策」を批判し，中小小売業の全てが必ずしも企業家精神をもっているとは限らないと強調することであった。その際，田村教授はJ. A. シュンペーターをはじめとする欧米研究者たちの企業家（entrepreneur）の定義について考察し，「企業家精神を革新志向，危険負担志向，成長志向，資本家志向など多元的な経営者意識からなる複合概念として取り扱う」[27]と定めた。またそのなかには，家計維持を目的とする生業志向と事業の立地や継承に深くかかわる地元志向，同族志向[28]があると指摘し，全部合わせて7種類の志向を経営者意識の要素として取り上げ，実証研究を行った。

特に教授は，中小小売業における大規模小売業との競争関係と経営戦略に着目して，大規模小売業との競争が激化しておらず，年間売上高も上昇している余裕のある状態を経営スラック[29]と定義づけた。それによれば，「経営スラックがなくなってくると，廉価販売の促進は重要視されなくなり，それにかわって大衆品・安価中心の品揃えにするという戦略がとられる」[30]と説明しており，同時に廃業も重要視されることを指摘している。さらに，経営スラックの増減という観点からみた場合，生業志向の中小小売業は利益の増加分を全て家計のために使用するが，資本家志向では，得られた利益の一部が資本として蓄積され，それを経営基盤の拡大・強化のために使用するという経営革新が行われると指摘したのである。山中篤太郎，磯部浩一教授は，「拡大再生産」を目指す

ものが企業である，と見なしたが，田村教授の見解もこの意見に共通していると考えられる。

また，この分析では経営者の年齢，後継者の有無，売上高の水準などが経営者意識に影響を与えると明らかにした。要するに，売上高が順調に伸び成長軌道に乗っている若い経営者に後継者がいると，企業家精神が萌芽する。逆に，経営者が高齢化し売上高も鈍化して停滞が続くと企業家精神は衰えていく。さらに，後継者がいない場合は経営意欲を失い，企業家精神は消滅し生業志向になると指摘し，これを「企業家精神の斉合理論」[31]と定義したのである。そして，田村教授は企業家精神を制度的にどう創造させるかが経営意識近代化の鍵である，と問題を提起したのである。

これに対して，清成忠男教授は小零細小売業がいくら生業であるとしても，消費者ニーズに対応し大規模小売業との競争に耐えなければ，それらの存立は許されないと唱え，「企業として生存能力をもつか，企業でないとしても企業に対抗しうる能力をもたなければならない」[32]と指摘した。さらに教授は，「市場経済において，企業でなければ発展は望めないと思われる。人的経営資源を蓄積し，市場の変化に適応したり，業態開発を行い市場に変化をひき起こすのは，企業にほかならない」[33]と強調した。

そして，清成教授は，法人・個人商店の経営組織別に常時雇用者の有無などを考慮し，上述の「資本による経済計算の仕組みの有無」「資本の自己増殖運動」「資本蓄積」などに基づく企業性を基準にして中小小売業を次のように分類した[34]。

①本来の企業
：利潤の極大化を目的として行動する経営で，人的資源の蓄積いかんによって業績がばらつく。

②企業的家族経営
：家族経営ながら営業と家計が分離し，家族労働も賃金の形で有償化している。

③生業的家族経営

:家族主体の経営であって,営業と家計が未分離,賃金と利潤も未分離である。また,生活費である業主所得の極大化を目的とする。

④副業

この分類では,生業的家族経営,副業を小零細小売業であると見なした。また,清成教授は,理想的であると思われる「本来の企業」,「企業的家族経営」であっても,拡大志向は一部にすぎず,その多くは一定の規模まで成長すると,後は利潤が個人の財産蓄積に使われるケースがあると指摘した。そして,教授は,「人的経営資源の蓄積は大したことはない。経営動機,生活態度,家族構成,年齢,肉体的能力,等々によって業績は大きくバラついている」[35]と述べ,中小小売業においては他人労働者の有無,従業員の人数より,むしろ経営者の能力と経営目的がその業績に大きく影響していると唱え,中小小売業の経営目的は多様であると強調した。このような教授の見解は,従業者を基準にした従来の研究とはまったく異なるものである。なお,筆者は教授が主張しているように,今日の中小小売業,特に小零細小売業の減少問題を分析するに当たりそれらの多様な経営目的の把握が必要であると思われる。

また,清成教授は,個店の自助努力による発展を通して商店街の活性化を図るべきであると言及した。教授は,「商店街を組織として強化するためには,構成メンバーの自立と責任が不可欠である。自立を基礎にして,はじめて連帯が成り立つのである。構成メンバーが有機的に分業し,相互補完的な役割を果たせば,相乗効果が期待でき,全体としてのポテンシャルが拡大するであろう。しかも,環境変化に応じて絶えず手直しをはかり,再組織化をはからなければならない」[36]と主張した。つまり,商店街は信頼関係に基づいて形成された運命共同体である(5章2節 2.を参照)。さらに,マーチャンダイジングを強化するために地域の生産者や卸売業者との協力関係づくりも必要である。

しかし,このような商店街を形成するためには強力なリーダーが必要であるが,小零細小売業も商店街においても人的経営資源の育成・蓄積と組織化は立ち遅れており,急を要する最大の課題である。

以上のように，中小小売業の経営目的に着目しただけでも，その経営形態は多様であることが理解される。

 既存研究においては中小零細小売業を一括して，資本金，売上高，従業者数特に，家族従業者の割合と他人労働者の有無を基準に，生業的かつ零細的な存在であると一元的に規定してきた。しかし，このような見解では今日における小零細小売業の成長と衰退のプロセスを説明することは困難である。

 実際，「小零細」といってもそのなかには，現状維持を目的とする事業所が存在する反面，成長を強く志向する事業所も存在しており，これらを一元的に捉えるより異質多元的な存在として見なした方が実態に即していると思われる。筆者が既存研究の考察を通して問題提起した「動機」＝「経営目的」は，中小企業論においては一般化されつつある。また，中小小売業に関する研究においても近年，茂木，出家，番場教授の他，石原武政[37]教授らによって「経営目的」の観点が指摘されている。

 しかし，これらの諸研究者は小零細小売業にとって経営目的が重要であることについての可能性のみを指摘し，小零細小売業のあるべき方向性を提示するに留まっている。そこで，筆者は小零細小売業において経営目的がいかに重要であるかについて実証するため，東京都町田市を対象に調査研究を行い，諸研究者の見解を証明すると共に，今日における小零細小売業の実態を把握する。さらに，多様な形態をもつ小零細小売業を経営目的別に大きく3つに分類し，小零細小売業も動態的な企業ライフサイクルのなかで考察されるべきであることを実証する。

2節　調査研究——東京都町田市における小零細小売業者の経営目的分析

 本研究の目的は，小零細小売業を企業成長のプロセスのような動態的な過程の一段階として位置づけ，その実態を明らかにし，小零細小売業を負の存在として捉えるだけではなく，それらの発生と成長の側面にも注目することで，小零細小売業に対する総合的な展望が確立されると提起することである。

そのため，本研究では「小零細小売業における多様性は事業主の経営目的に左右される」との認識に基づき，それらの経営目的の観点から分析を行った。遠田雄志教授は，バーナードの企業定義，サイモンの組織均衡の理論を参考にし「企業（firm）とは経営者，従業員，資材供給者，顧客といった参加者から構成される，財あるいはサービスを生産する組織である」[38]と定義した。要するに，参加者は企業を通してそれぞれ利潤，賃金，財あるいはサービスを求めており，相互の利害関係によって成り立っている。そして，参加者の1人でも欠如すると，企業の存続は危うくなる。これは，小零細小売業においても同様であるが，経営者との利害関係が強いため，家族従業者を中心とすることについては，小零細小売業の長所ともいえよう。しかし，消費者ニーズの変化や購買行動の多様化によって，顧客との利害関係が従来のように成立しない場合があり，そのため小零細小売業においては一層の経営努力が求められている。

　つまり，筆者は「キギョウ」という際には「起業」と「企業」を区別すべきであると考えている。ここでいう企業は，規模を拡大しつつある成長企業を意味しているが，量的な成長のみではなく質的な成長として発展の可能性をも包括して捉えている。その理由は，売上高，従業員数，資本金などの量的な基準だけではなく，質的な基準つまり経営目的を高く設定し，それを達成・向上させていくことが重要であると考えるからである。

　また，小零細小売業における「業」を起こす「起業」では，必ずしも経営と家計が分離し，資本蓄積を求める訳ではなく，個人主義的な資産蓄積を目的とする場合もある。こうした個人主義的な「起業」では，他社との経営差別化の意識は薄く，事業を拡大・発展させようとする経営目的は希薄であろう。要するに，個人主義的な「起業」の段階に止まっている業者は，山中・磯部教授が指摘した「企業的性格の欠如」が認められるのである。こうした階層の経営目的の希薄さが，今日の小零細小売業減少の要因であると思われる。よって，本研究では長い歴史をもつ一定水準の売上高を有するものであっても生業・個人志向が強い小零細小売業は，本業である小売業が副業化し，あるいは他業態・業種への転換を考慮するようになり，いつかは小売業から撤退する廃業予備軍

であると見なす。

　一方，ベンチャー企業のように環境変化を観察・分析しながら，独自の技術や経営ノウハウを持って開業し，積極的に経営を行い事業拡大を求める成長志向経営目的や，既存企業が多角化の一環として開業する革新的な経営目的をもつ「起業」も存在する。また，地域に根づいて商売を営んでいる，すなわち地域密着型の小零細小売業は，地域住民のニーズに機敏に対応し支持されるよう経営努力していることから，上述のような「起業」と同様，革新・成長志向的な存在であると考える。この層は，起業から「業」を企てる企業へと成長するものである。

　以上のことを考慮し，小零細小売業を①起業，②起業→企業，③企業と3つに分類することができよう。また，それぞれの「キギョウ」の経営目的は次の5つに分類・定義できよう[39]。

①生業志向：経営の目的は，主に生計のためであって，事業所の現状を維持できる程度の収入があれば十分であるとする。

②個人志向：商業活動を通して得られた収益は，主に経営者の個人財産の獲得に利用し，生活水準を高めることが経営目的である。

③地元志向：これからもこの場所のみで商売を続け，地域住民のニーズに応えることを目的とする。

④革新志向：変化する諸環境に適応するため，少々危険があっても新しい経営方法を取り入れ，将来性のある商売を展開することが目的である。

⑤成長志向：得られた収益の一部を資本として蓄積しながら，発展や競争に勝ち残るために再投資を行い，事業の拡大を目指す。

これは，石崎忠司教授が企業の「設立目的である利益獲得のためには，企業競争に生き残る必要があり，そのため競争力増大の方法として規模の拡大すなわち成長が志向される」[40]と指摘したように，企業が現状維持を目的とするならば，いつかは競争に負け，利益の獲得が困難となるという意味を潜めている。石崎教授の見解は，山中篤太郎教授の「発展のないところ不経済が存在す

る」という見解と同じである。こうした意見からも，小零細小売業においても現状維持ではなく，成長志向の目的が必要であることは明らかであろう。

　筆者の認識を実証するために，この5つの経営目的と従業者規模，特に家族従業者と他人労働者との関係を中心に分析を行った。また，後継者の有無，月平均売上高，商店経営以外の収入の有無，経営満足度などと経営目的との関係も分析した。

1. 調査研究の要領
1) アンケートの概要

　アンケートの内容は，小零細小売業の現状を把握すると共に，小零細小売業は生計のため家族労働を中心に営む零細な存在である，と結果論的に捉えた既存研究の見解について検証を行うために，これまで考察した諸研究者らの見解を参考に作成した。また，今日における小零細小売業の減少は，経営者の高齢化や後継者難などによる経営意欲の低下といった内部的要因に起因すると思われるため，それらの多様な経営目的を把握・分類し，その実態を明らかにするものである。

　アンケートは，大きく3つで構成されている。
1．経営・商店に関する質問
　1) 法人登録の有無，2) 業種，3) 商店事業年数，4) 資本金，
　5) 月平均売上高，6) 商店経営以外の収入の有無とその収入源，
　7) 商店会参加の有無とその活動の希望
2．経営者，従業員に関する質問[41]
　1) 従業者数（家族従業者，常用雇用者，臨時雇用者，有給役員，家族役員），
　2) 家族従業者の主な仕事（配偶者，後継者），3) 後継者の有無，
　4) 家族従業者の給与とその使途，5) 経営者の性別と年齢
3．経営目的と経営満足に関する質問[42]
　1) 生業志向，2) 個人志向，3) 地元志向，4) 革新志向，5) 成長志向，
　6) 地域密着，7) 独立性（自分の意思で経営できる，時間を自由に使える），

8）経営能力の発揮，9）収益性，10）個人資産の蓄積

なお，経営目的と経営満足に関する質問は，単一項目評価尺度として5点の評価尺度を使用した。

アンケートは，2005年8月1日から26日まで，町田市の4ヶ所の商店会の協力を得て無作為で112ヶ所を抽出してアンケートを配布し，75部が回収できた。回収率は66.96%である。しかし，75部のうち，無回答が8部，飲食店，サービス業，従業者数5人以上中規模小売業などの研究対象外が26部あったため，41部が有効であり，有効回答率は36.6%である。

2）研究対象地域選定の理由

近年，町田市における小売業を取り巻く環境は大きく変化し，大規模商業施設による地域間競争が激しくなっている。国道16号線沿いにおけるロードサイド型商業施設の進出をはじめ，隣接する相模大野における駅周辺の大型商業施設の開発，町田市の北側に位置する多摩センターの商業集積，新百合ヶ丘における商業施設と映画館の複合施設など，娯楽機能をも取り入れた商業施設が形成されている。

これに対して，町田市内においても大型商業施設の開発が行われた[43]。しかし，「大丸」「ダイエー」が2000年2月に撤退し，その代わりに「丸井ビー」，100円ショップの「ダイソー」が開店した。そして，郊外では2002年に「コストコ」と「カインズホーム」がオープンした。

このような状況のなかで，町田市は「1998年11月に町田市中心市街地活性化基本計画を策定し，その中心的な担い手として（株）町田まちづくり公社（1999年3月）を設立した。基本計画は，駐車場及び共同荷捌き場を建設，イベント広場を含めた運営を第三セクターが担うこととしており，2001年7月から稼動している」[44]。

このような地域間の競争は，商店街を形成する小零細小売業において同・異業態間の競争だけではなく，他地域の商業集積との競争にも強いられている。

調査に当たっては，町田市の原町田，小山町，鶴川，つくし野の4ヶ所の

商店街を選びアンケート調査を行った。

原町田は，小田急線と横浜線の鉄道交通の要衝で栄えた大規模な商業集積地であると共に，東京都における代表的な広域型商店街である。また，小山町の場合はロードサイド型商業集積地の一つであり，郊外の大規模小売業との競争が激しい地域である。鶴川の商業集積地は，1960年代東京都の郊外住宅団地開発に伴って形成された地域密着型商店街である。ここでは，住民の少子化・高齢化，団地の老朽化などの地域問題に地域住民と協力しながら積極的に取り組んでいる。つくし野の商業集積地は，鶴川と同様な歴史をもつが，鶴川と対照的に高所得者の割合が高く，バブル期の地価暴騰により，一体的な商店街の形成が困難となって店は広範囲に点在している。

以上の理由により，この4ヶ所の地域は町田市における小零細小売業を把握するに適すると思われる。

2. 対象地域における小零細小売業の調査結果

本アンケートの母集団である町田市全域において，全体の商店数に占める従業者数1～4人規模の小零細小売業の割合は57.1％（2004年)[45]である。町田市の小売業事業所数は，東京都多摩地区において八王子市に次ぐ規模を誇っているが，その半数以上は，小零細小売業によって占められているのである。

さて，町田市の4ヶ所のアンケート調査地域において，回答事業所は63ヶ所であり，これを従業者規模別，業種別にみると，事業主のみを含む従業者1～4人規模の小零細小売業は，41ヶ所（65.1％）にのぼっている。詳細についてみると，事業主のみと答えた事業所は3ヶ所（4.8％）であり，従業者1～2人，従業者3～4人規模の事業所はそれぞれ19ヶ所（31.1％）である。また，従業者5人以上の中規模小売業は22ヶ所（34.9％）である。

業種別には，「飲食料品小売業」が29ヶ所（46.0％）で一番多く営業しており，その次は「その他の小売業」で21ヶ所（33.3％）と両方合わせて79.3％と高い割合である。町田市全域においてもこの2つの業種は約65％を占めている[46]。この2つの業種は1章1節で述べた如く，現在減少傾向が強

い業種であるが，「料理品小売業」，「花・植木小売業」，「パン（製造小売）業」のような製造小売業も存在しており，本アンケート調査地域においては多数営業していた。

その他は，「各種商品小売業」2ヶ所（3.2％），「織物・衣服・身の回り品小売業」5ヶ所（7.9％），「自動車・自転車小売業」1ヶ所（1.6％），「家具・じゅう器・機械器具小売業」5ヶ所（7.9％）である。

以下では，研究対象である事業主を含む従業者1〜4人規模の小零細小売業について分析を行う。

1）経営組織別，事業年数別分布状況

まず，従業者規模別に経営組織をみると，事業主のみの事業所では3ヶ所全部が個人商店であるが，従業者1〜2人規模においては個人・法人商店の割合がほぼ拮抗しており，従業者3〜4人規模になると，法人商店が13ヶ所と多数を占めている。

近年，小零細小売業においては税金問題に絡んで法人化する事業所が増えているといわれている。しかし，実際の商店街においては依然個人商店が占める割合が高い。

事業年数別にみると，全体の3割以上が30年以上の長い歴史をもつ商店であり，その中には70年以上の歴史をもつ老舗も含まれている。しかし，従業者数1〜2人規模でみると，開業して5年以下の新規参入と思われる事業所（5ヶ所）も30年以上営業している事業所（4ヶ所）とほぼ同数である。

2）経営者の実態

経営者の年齢別事業所の分布をみると（図表3-2参照），41ヶ所のなかで，50〜59歳が15ヶ所（36.6％）と最も多く存在している。従業者規模別にみると，事業主のみでは3ヶ所が50歳以上であり，従業者1〜2人規模では12ヶ所が50歳以上となっている。また，従業者3〜4人規模においては15ヶ所であった。一方，40代が11ヶ所で26.8％を占めていることは注目す

図表3-2　経営者の年齢及び後継者の有無とその仕事内容

	経営者の年齢						後継者の有無		その仕事内容		
	40歳未満	40～49歳	50～59歳	60～69歳	70歳以上	合計	いない	いる	店の仕事に専従	他の所で勤めている	その他
事業主のみ	0	0	1	2	0	3	3	0	0	0	0
従業者1～2人	2	5	6	4	2	19	15	4	1	2	1
従業者3～4人	1	3	8	6	1	19	12	7	7	0	0
合計	3	8	15	12	3	41	30	11	8	2	1

べきである。

　よって，40代階層における事業年数別の分布についてみると，新規出店とみられる開業5年未満の事業所は，従業者1～2人規模では7ヶ所中3ヶ所，従業者3～4人規模においては4ヶ所中1ヶ所であった。そして，従業者3～4人規模の1ヶ所が事業年数30年以上と回答しており，世代の交代であると思われる。

　また，後継者の有無についてみると，41ヶ所中30ヶ所が「いない」と回答している。対象地域においても後継者難は深刻な問題になっている。後継者がいると答えた11ヶ所を従業者規模別にみると，従業者1～2人規模で4ヶ所，従業者3～4人規模で7ヶ所となっている。さらに，後継者の仕事内容をみると，8ヶ所が「店の仕事に専従」していると回答した。そして，残りの3ヶ所においては，2ヶ所が「他の所で勤めている」と答えており，1ヶ所は「その他」であると回答した。

3）従業者規模別就業状況

　従業者規模別の就業状況をみると（図表3-3参照），正社員を雇っている事業所の割合は，従業者1～2人規模で21.1％，従業者3～4人規模で42.1％となっている。一方，臨時雇用者を使用している事業所の割合は，従業者1～2人規模で26.3％，従業者3～4人規模で52.6％であり，それぞれ前者よ

図表3-3　正社員と臨時雇用者の有無

従業者規模	正社員 いる	正社員 いない	臨時雇用者 いる	臨時雇用者 いない
従業者1〜2人	4	15	5	14
従業者3〜4人	8	11	10	9
合　　計	12	26	15	23

※合計は，「事業主のみ」と答えた3ヶ所を除く38ヶ所である。

り割合が高い。

　このうち，正社員と臨時雇用者の両方を雇っている事業所は，従業者3〜4人規模の3ヶ所である。この3ヶ所の経営目的をみると，全てが成長志向的な意欲を持っていることがアンケートから明らかになった。これらは，清成教授が唱える「本来の企業」に当てはまる階層である。

　そして，正社員のみを雇っている事業所は，従業者1〜2人規模で4ヶ所（10.5％），従業者3〜4人規模で5ヶ所（13.2％）となっており，それぞれの経営目的は，従業者1〜2人規模では，4ヶ所中3ヶ所が成長志向であった。また，従業者3〜4人規模においては，3ヶ所が革新・成長志向であって，残りの2ヶ所は生業・個人志向である。この2ヶ所は，山中，磯部教授が指摘しているように，企業としての態勢を整えているとしても「生業と企業との中間的存在」（磯部，前出）に該当する階層であると考えられる。しかし，これらは地元志向的な経営目的をもっていることをも回答しており，これから企業へと成長することが期待できる存在でもあると思われる。

　臨時雇用者のみを使用する事業所は12ヶ所で，規模別にみると，従業者1〜2人で5ヶ所（13.2％），従業者3〜4人で7ヶ所（18.4％）となっている。この階層は，経営目的について生業・個人志向的な回答が多かった。これらを上述した事例と比較すると，地元志向的な経営目的すらないという点において，より生業的な色彩の強い「生業と企業との中間的存在」であると見なすことができよう。これに対して，正社員も臨時雇用者も雇っていない，つまり家族従業者のみで営業している事業所は，14ヶ所であり，その内訳は従業者

図表3-4　家族従業者の分布

	従業者1～2人	従業者3～4人	合　計
いない	4	2	6
1人	12	3	15
2人	3	6	9
3人	0	7	7
4人	0	1	1
合　計	19	19	38

※合計は，「事業主のみ」と答えた3ヶ所を除く38ヶ所である。

1～2人規模の事業所が10ヶ所，従業者3～4人規模で4ヶ所である。

　家族従業者の就業状況をみると（図表3-4参照），従業者1～2人規模の事業所のうち，家族従業者が1人の事業所は12ヶ所で63.2％を占める。そのほとんどは夫婦で営む事業所であった。一方，従業者3～4人規模では，家族は就業していないと回答した事業所は2ヶ所（10.5％）であった。しかし，家族従業者のみで経営していると答えた14ヶ所の事業所のうち，半数の7ヶ所が経営目的は生業と成長を同時に志向すると回答している。これは，ヒアリング調査の結果，第2の事業を計画・希望するところが多かった。つまり，本業である小売業の業績が伸び悩んでいるため，業種・業態の転換を含む転業，また本業の副業化や廃業を考慮するなどの理由で店舗の移転，改装などを検討している階層であると考えられる。特に，こうした階層はコンビニエンスストアへの業態転換の事例が多いと考えられる。なお，残りの半数は生業志向と共に地元志向が多い。

　上述の田村教授は，「生業志向をもつ中小小売商が重要視する戦略は有名メーカーの系列店化，（中略）などである」[47]と分析している。田村教授が定義する「生業志向」は，この研究における定義とはやや異なるものであるが，生業志向の小零細小売業が大手企業の系列化に入るという戦略を選択する傾向が強いと分析した点において，評価されるべき見解である。今日の情勢に鑑みると，小零細小売業が大手コンビニチェーンに加盟することも，田村教授が指

図表 3 - 5　配偶者の仕事内容

	従業者 1 〜 2 人	従業者 3 〜 4 人	合　　計
家事に専念	1	3	4
家事中心で店は時々手伝う	1	6	7
店の仕事中心	13	10	23
他の所で勤めている	3	0	3
その他	1	0	1
合　　計	19	19	38

※合計は，「事業主のみ」と答えた 3 ヶ所を除く 38 ヶ所である。

摘した傾向と類似の現象であると筆者は考える。『商業統計表』によると，「フランチャイズ・チェーンへの加盟事業所数は，7 万 5,663 事業所であった。これを業種別にみると，コンビニエンスストアなどが含まれる飲食料品小売業（中略）が 7 割強を占めて」[48]いる。

　実際に，コンビニエンスストアの増加を支えたのは，このような小零細小売業の参入によるものであると考えられる。コンビニエンスストアにおいては，経営者夫婦の労働に依存していることや経営者の前職は中小商業者であることが多いという点から，そこには小零細小売業的性格が色濃く反映している。

　これらの家族従業者，特に配偶者の仕事内容をみると（図表 3 - 5 参照），従業者 1 〜 2 人規模では「店の仕事中心」と回答した人が 13 人で 68.4％である。これに「家事中心で店は時々手伝う」と答えた人を合わせると 73.7％である。

　同様に，従業者 3 〜 4 人規模においては両方を合わせて 84.2％と従業者 1 〜 2 人規模に比べて高い割合を占めているが，「家事に専念」していると回答した人が従業者 1 〜 2 人規模より多く，これに「家事中心で店は時々手伝う」と答えた人を加えると，47.4％の割合である。従業者 3 〜 4 人規模では，徐々に経営と家計が分離されていると言えるだろう。また，従業者 1 〜 4 人規模の小零細小売業において配偶者の果たす役割は極めて大きいことが分かる。

　しかし，配偶者の給与水準をみると（図表 3 - 6 参照），経営に対する貢献度

図表3-6 配偶者の月平均給与水準

	従業者1～2人	従業者3～4人	合　　計
5万円以下	5	2	7
6～10万円	6	2	8
11～15万円	2	3	5
16～20万円	2	4	6
21万円以上	4	8	12
合　　計	19	19	38

※合計は，「事業主のみ」と答えた3ヶ所を除く38ヶ所である。

よりも低い水準であり，それは恣意的に決定されると思われる。

　今回の調査では無償で働くと答えた人はいなかったが，その給与水準に関しては，15万円以下と回答した人が20人で52.6%となっている。配偶者の低賃金は，従業者1～2人規模で13人（34.2%）を占めており，最も多かった。また，従業者3～4人規模においては7人（18.4%）となっている。

　さらに，その給与の使途についてみると，23人中17人が全額を営業活動のための交際費や生活費として使用しており，一部を経営や生活費のために使うと答えた人を合わせると19人で82.6%にもなる。全額を自分のために使うと答えた人はわずか4人しかいなかった。これを経営目的別にみると，全額を自分のために使うと回答した事業所は成長志向であったが，全額経営・生活費のために使うと答えた事業所は生業・個人志向が多かったのである。

　このように，配偶者に代表される家族従業者の給与水準と使途は，小零細小売業を考察する際，参考にすべき指標であると考える。

　また，家族従業者のみで営んでいる14ヶ所の事業所を業種別にみると，「飲食料品小売業」と「その他の小売業」がそれぞれ8ヶ所（57.1%），4ヶ所（28.6%）となっている。

　近年，小零細小売業減少の象徴であるこの2業種が対象地域において85.7%をも占めているが，このなかには，上述したような製造小売業が多数存在していることがその要因である。小零細小売業が同・異業態間の競争のな

図表 3-7　月平均売上高の分布

	事業主のみ	従業者1～2人	従業者3～4人	合　計
100万円未満	1	6	3	10
100～299万円	2	10	9	21
300～499万円	0	2	3	5
500～699万円	0	0	3	3
700万円以上	0	1	1	2
合　計	3	19	19	41

かで存続するためには，品揃え，便利さも重要であるが，それ以上にその店の独創性が求められており，独創性がある品揃え，サービスの提供が経営差別化の重要な手段になると思われる。

4) 月平均売上高と商店経営以外の収入状況

　月平均売上高を従業者規模別にみると（図表3-7参照），事業主のみでは全てが月平均売上高300万円未満と回答しており，従業者1～2人規模と従業者3～4人規模において月平均売上高100～299万円と答えた事業所は，46.3％と高い割合を占めている。一方，月平均売上高が700万円以上である事業所は，従業者1～2人規模，従業者3～4人規模でそれぞれ1ヶ所ずつとなっている。

　月平均売上高別の経営目的は，100万円未満の階層では，10ヶ所中6ヶ所が生業・個人志向であり，1ヶ所は経営目的すらないと答えた。そして，3ヶ所が革新・成長志向であったが，この3ヶ所の共通点は正社員あるいは臨時雇用者を雇っていることである。

　一方，100～299万円の階層において，21ヶ所中13ヶ所（61.9％）が個人志向が強いと回答しており，うち5ヶ所が上述したように第2の事業を検討している生業志向と成長志向を同時にもつ事業所であった。これらの共通点は，家族従業者のみであるかあるいは臨時雇用者のみを使用していることである。

また，この階層で革新・成長志向は4ヶ所（19%）となっており，全てが正社員を雇っている。残りの4ヶ所は経営目的がないと回答している。

　300〜499万円の階層では，5ヶ所中3ヶ所が生業志向である。この3ヶ所においては，家族従業者のみで営業している事業所が2ヶ所，正社員を雇っている事業所が1ヶ所で，いずれも30年以上の長い歴史をもつ商店であった。山中教授が「発展のないところに不経済が存在する」と指摘したように，この3ヶ所は企業とはいえない存在であり，廃業予備軍とみられる。また，500万円以上の高い売上高水準をもつ事業所においてもその傾向は前者と同様であった。

　商店経営以外の収入の有無に関する質問についてみてみると，この質問に「ある」と答えた事業所は，13ヶ所（31.7%）であった。これらを従業者規模別にみると，まず，事業主のみで1ヶ所（2.4%），従業者1〜2人規模4ヶ所（9.8%），従業者3〜4人規模8ヶ所（19.5%）である。さらに，月平均売上高規模別にみると，100万円未満が4ヶ所，100〜299万円が5ヶ所，300〜499万円1ヶ所，500〜699万円で2ヶ所，そして，700万円以上では1ヶ所のみであった。

　その収入源は，「アパート，テナントなどの家賃収入」が最も多い8ヶ所であり，「年金・恩給」2ヶ所，「別途事業による収入」2ヶ所である。そして，「家族の勤労収入」と回答した事業所は1ヶ所であった。これらの収入源をもつ事業所は，「年金・恩給」を除いて全てが生業・個人志向である。

　1章1節で，小零細層を含む中小小売業において，低経済成長期以降の地価高騰により小売業から不動産業へと転業する者が現われたと述べた通り，この調査でも建物やアパートなどを所有していると答えた経営者が多かった。これは，小零細小売業を支える一つの要因ではないかと考えられる。

3. 調査結果の検証

　ここでは，上述したように小零細小売業において経営目的がいかに重要であるかについて強調すると共に，諸研究者の見解を確認する。そのために，「家

図表3-8 主成分分析結果

項　　目	第1主成分	第2主成分	共通性
生業志向	−0.831	0.311	0.787
成長志向	0.741	0.352	0.673
革新志向	0.681	0.546	0.761
個人志向	0.038	0.809	0.655
地元志向	0.080	0.716	0.519
固有値	1.711	1.685	―
累積寄与率	34.2%	67.9%	―

族従業者を中心に経営する小零細小売業であるとしても，高い経営目的をもつ事業所においては売上高水準が高く，家族従業者に対する賃金の概念も明確になっている」と想定する。これは，山中・磯部・清成教授らが指摘した「企業性」，つまり企業としての諸態勢を整えているか否かを確かめるためでもある。

　以下では，高い経営目的を有する集団とそうではない集団を比較するために，クラスタ分析を行った。クラスタ分析は，それが事業所であれ，変数であれ，似た者同士を探し，それを幾つかのクラスタとしてまとめる分析方法であり，ここでは同じクラスタに分類される小零細小売業は経営目的が同じであるのに対して，他のクラスタはそれが異なると見なす[49]。分析方法としては，5つの経営目的に関する変数を縮約するために主成分分析を採用した。その結果，2つの主成分が抽出された。第1主成分は34.2%，第2主成分は33.7%を説明しており，2つの主成分で67.9%の説明力をもっている[50]（図表3-8参照）。第1主成分は，現状維持を目的とする「生業志向」の変量が負の値である反面，「成長・革新志向」の変量が大きいことから，少々危険があっても将来性のある商売を展開するために事業の拡大・発展を目指すという「発展志向型経営目的」であると解釈できよう。そして，第2主成分はこれからもこの場所のみで商売を続けていくという「地元志向」と「個人志向」の変量が大きいことから，地域に密着した商売を営みながら，事業主の生活の質を高める

図表3-9 各クラスタにおける観測変数の平均値

観測変数	クラスタ1	クラスタ2	クラスタ3	合計
第1主成分 (発展志向)	−1.09345	−0.627098	0.844993	−0.875555
第2主成分 (地域密着志向)	−1.219484	0.9829092	−0.1511	−0.3876748

ことを主な目的とする「地域密着型経営目的」の意味合いを有している。このように、小零細小売業における経営目的は大きく2つにまとめられる。

この結果を踏まえて、主成分分析で求められた主成分得点を用いて階層的方法に基づくクラスタ分析を行い「経営目的」を基準に3つのクラスタに分類した。また、クラスタ分析を行う際、原データの距離計算にはユークリッド距離を、クラスタ合併後の距離計算にはウォード法を採用した。

各クラスタにおける2つの経営目的の平均値(図表3-9参照)を比較してみると、クラスタ1は「発展志向型経営目的」と「地域密着志向型経営目的」の平均値が負の値であることから、両方の経営目的をもっていない、つまり生計及び商売の現状維持のみを志向する「生業志向」の集まりであり、クラスタ2は主に「地域密着志向型経営目的」を有する集まりであると考えられる。

一方、クラスタ3はベンチャー企業のように環境変化に適応しながら、積極的に経営を行い事業拡大を求める「発展志向型経営目的」をもつ集団である。

以下では、各クラスタの経営目的に鑑みながら、それぞれの特徴について分析を行う。

1) クラスタ1の特徴

クラスタ1の経営目的は、発展も地域密着も志向しないもっぱら現状維持を目的とする「生業志向」が強いとみられる。8ヶ所の事業所中、6ヶ所が生業志向を「強く考えている」と回答しており、「やや考えている」と答えた1ヶ所を合わせると、7ヶ所の事業所が生業志向である。

従業者規模別(図表3-10参照)にみると、「事業主のみ」の事業所は1ヶ

図表3-10　従業者規模別の事業所数

	度数	(%)	累積 (%)
事業主のみ	1	12.5	12.5
1~2人	5	62.5	75.0
3~4人	2	25.0	100.0
合計	8	100.0	

図表3-11　家族従業者数 と 従業者数

		従業者数			合計
		事業主のみ	1～2人	3～4人	
家族従業者数	いない	1 (12.5%)	0	0	1 (12.5%)
	1人	0	4 (50%)	0	4 (50%)
	2人	0	1 (12.5%)	2 (25%)	3 (37.5%)
合計		1 (12.5%)	5 (62.5%)	2 (25%)	8 (100%)

所で，従業者数1～2人規模と回答した事業所は5ヶ所である。この6ヶ所は，本研究で定義した「零細小売業」である。また，残りの2ヶ所の事業所は従業者数3～4人規模の「小規模小売業」である。クラスタ1においては「零細小売業」が多く占めている。

　従業者規模別の家族従業者数（図表3-11参照）をみると，従業者数1～2人規模の事業所で家族従業者がいると回答した事業所は，5ヶ所である。また，従業者数3～4人規模の2ヶ所の事業所においては家族従業者が2人いると答えている。さらに，この2ヶ所の事業所は，正社員を1人雇っており，家族従業者を中心とした従業者構成になっている。このことから，クラスタ1は，家族従業者を中心に営業を行っていることが分かる。これは，磯部教授の分類による「第1段階」と「第2段階」すなわち事業主のみあるいは事業主と家族が生産に従事する段階に当たる生業的色彩が強いグループである。

　従業者数規模別資本金の水準（図表3-12参照）をみると，資本金500万円未満の事業所は，「事業主のみ」1ヶ所，従業者数1～2人規模2ヶ所，従

図表3-12　資本金 と 従業者数

		従業者数			合計
		事業主のみ	1～2人	3～4人	
資本金	500万円未満	1 (25%)	2 (50%)	1 (25%)	4 (100%)
	500万～1,000万円未満	0	0	1 (100%)	1 (100%)
	1,000万～1,500万円未満	0	3 (100%)	0	3 (100%)
合計		1 (12.5%)	5 (62.5%)	2 (25%)	8 (100%)

業者数3～4人規模1ヶ所である。また，資本金500万～1,000万円未満の事業所は1ヶ所であり，従業者数3～4人規模の事業所である。従業者数1～2人規模の3ヶ所の事業所は資本金1,000万～1,500万円未満であると回答している。また，月平均売上高の水準をみると，「100万円未満」が2ヶ所，「100万～299万円」が4ヶ所，「300万～499万円」が2ヶ所で，3つのクラスタの中では，比較的に低い水準である。

クラスタ1において，得られた利益がどのように使われているかを探るために，「商店経営以外の収入の有無」と「資産を蓄積できる（ここでいう資産は，個人的な財産である）」という経営満足，「配偶者の給与水準」などについて考察する。

まず，「商店経営以外の収入の有無」（図表3-13参照）については，3ヶ所の事業所が商店経営以外の収入があると答えており，この3ヶ所の事業所は「資産を蓄積できる」という経営満足が強い。これらの事業所は，もっぱら得られた利益を個人財産の蓄積に使っていると思われる。

このことを磯部教授の企業の定義に照らして鑑みると，「資本蓄積」「資本の自己増殖運動」「資本による経済計算のしくみ」などが欠如しており，資本として機能していないことが分かる。また，家族労働者の賃金水準について考察するため，「配偶者の給与水準」（図表3-14参照）を調べた結果，10万円以下が半数を占めており，これは賃金としての性格が薄く，無償労働によって支えられているといっても過言ではないだろう。

図表3-13 その他の収入と月平均売上高

		月平均売上高			合計
		100万円未満	100万～299万円	300万～499万円	
その他の収入	ある	1 (12.5%)	2 (25%)	0	3 (37.5%)
	ない	1 (12.5%)	2 (25%)	2 (25%)	5 (62.5%)
合計		2 (25%)	4 (50%)	2 (25%)	8 (100%)

図表3-14 配偶者の給与と月平均売上高

		月平均売上高			合計
		100万円未満	100万～299万円	300万～499万円	
配偶者の給与	5万円未満	1 (12.5%)	1 (12.5%)	0	2 (25%)
	6万～10万円	1 (12.5%)	1 (12.5%)	0	2 (25%)
	16万～20万円	0	2 (25%)	1 (12.5%)	3 (37.5%)
	21万円以上	0	0	1 (12.5%)	1 (12.5%)
合計		2 (25%)	4 (50%)	2 (25%)	8 (100%)

　清成教授の分類によると，クラスタ1は家族主体で商売を行っており，賃金と利益が未分離である。つまり，家族労働に依存しながら獲得した利益は，個人財産または事業主の所得の極大化を希望する拡大再生産を志向しない「生業的家族経営」に当てはまる。

　経営者の年齢をみると，8ヶ所の事業所中，5ヶ所の事業所において「60～69歳」であり，クラスタ1では経営者の高齢化が進んでいるとみられる。また，これに関連して，7ヶ所の事業所において「後継者がいない」と答えており，後継者難の問題も深刻である。

　これについて「経営目的」の観点からみると，この階層の事業所が「生業志向」を「強く考えている」と回答している（図表3-15参照）。したがって，このクラスタでは経営者の高齢化と後継者難によって経営意欲を消失し，現状維持を志向していると思われる。

　クラスタ1の開業年次（図表3-16参照）をみると，「11～20年」2ヶ所，

図表3-15　生業志向が強い事業所

事業所数／月平均売上高

経営者の年齢
■ 40～49歳
■ 60～69歳

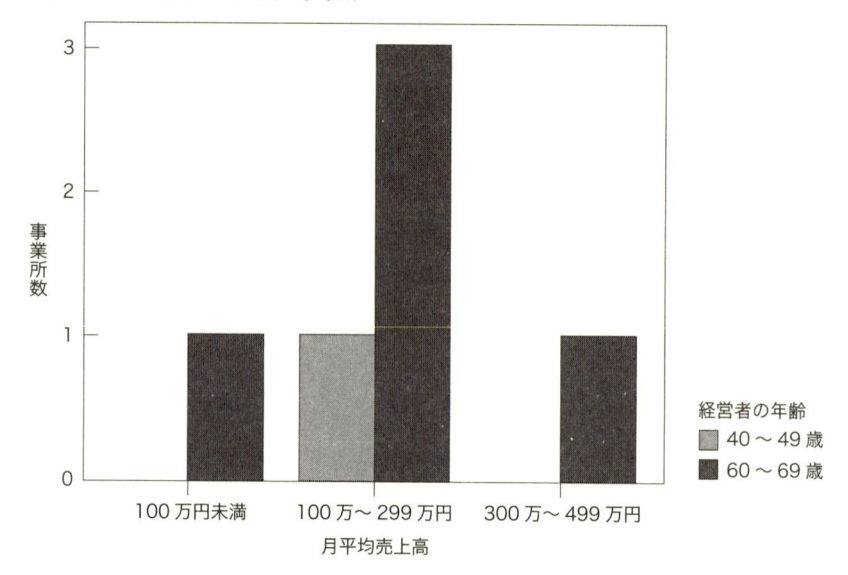

図表3-16　開業年次 と 生業志向

		生業志向			合計
		どちらでもない	やや考えている	強く考えている	
開業年次	11～20年	0	0	2 (25%)	2 (25%)
	21～30年	1 (12.5%)	1 (12.5%)	1 (12.5%)	3 (37.5%)
	31年以上	0	0	3 (37.5%)	3 (37.5%)
合計		1 (12.5%)	1 (12.5%)	6 (75%)	8 (100%)

「21～30年」3ヶ所，「31年以上」3ヶ所となっており，31年以上の業歴をもつ全事業所が「生業志向」を強く考えていると答えた。また，5ヶ所の事業所が「経営満足」のなかでも，「地元に密着し，地域住民に喜ばれている」ことに経営満足していると答えている。

以上のことから，クラスタ1は，長い間その地域において営業したことで，ある程度の収益を確保することができたと思われる。また，このクラスタで

は，全般的に経営満足度に消極的な回答が多いことも特徴的であろう。クラスタ1は，山中教授が指摘する「発展のないところに不経済が存在」するという階層であり，既存研究で主張されているような「非資本的な中間的存在」である。こうした階層の経営目的の希薄さが，今日の小零細小売業減少の要因であると思われる。

筆者の分類に従えば，クラスタ1は本業である小売業が副業化し，あるいは他の業態・業種への転換を考慮するようになり，いつかは小売業から撤退する廃業予備軍である。

2）クラスタ2の特徴

クラスタ2は，「地域密着志向型経営目的」を有するグループであるが，「生業志向」と「革新志向」ももっている。その内容をみると，「生業志向」では「やや考えている」・「強く考えている」と全事業所が回答している。また，「個人志向」に関しても12ヶ所の事業所が同様の回答をしている。これに対して，7ヶ所の事業所が「地元志向」であると答えた。そして，4ヶ所の事業所は「革新志向」をもっている。このように，現状維持を望む経営目的とさらなる発展を目指す経営目的が混合している理由は，業を起こす「起業」の段階の事業所と業を企てる「企業」の段階に成長を目指す事業所があるからであろう。

クラスタ2における従業者数規模別の事業所（図表3-17参照）をみると，「事業主のみ」の事業所は2ヶ所（15.4％）で，従業者数1～2人規模の事業所は6ヶ所（46.2％），従業者数3～4人規模の事業所は5ヶ所（38.5％）である。クラスタ1と同様に，8ヶ所（61.5％）が「零細小売業」である。

クラスタ2の従業者構成（図表3-18参照）についてみると，家族従業者がいないと答えた事業所は「事業主のみ」2ヶ所と従業者数1～2人規模の1ヶ所である。また，家族労働に依存していないとみられる事業所は，従業者数3～4人規模の事業所では2ヶ所存在している。これに対し，家族労働に依存していると思われる事業所は，従業者数1～2人規模で5ヶ所，従業者数3～4人規模において3ヶ所である。

図表3-17 従業者規模別の事業所数

	事業所数	(%)	累積(%)
事業主のみ	2	15.4	15.4
1～2人	6	46.2	61.5
3～4人	5	38.5	100.0
合計	13	100.0	

図表3-18 家族従業者数と従業者数

		従業者数			合計
		事業主のみ	1～2人	3～4人	
家族従業者数	いない	2 (15.4%)	1 (7.7%)	0	3 (23.1%)
	1人	0	3 (23.1%)	1 (7.7%)	4 (30.8%)
	2人	0	2 (15.4%)	1 (7.7%)	3 (23.1%)
	3人	0	0	2 (15.4%)	2 (15.4%)
	4人	0	0	1 (7.7%)	1 (7.7%)
合計		2 (15.4%)	6 (46.2%)	5 (38.5%)	13 (100%)

　さらに，正社員と臨時雇用者の有無についてみると，正社員を雇っている事業所は従業者数3～4人規模の事業所1ヶ所のみである。一方，従業者数1～2人規模の2ヶ所の事業所で臨時雇用者を雇っており，従業者数3～4人規模の2ヶ所の事業所で2人を雇っていると答えた。クラスタ2は，磯部教授による「第3段階」すなわち家族労働者の他に賃金労働者を若干名雇っている階層である。また，教授によれば，この階層は事業主が販売活動に従事する時間が少なくなって営業活動に果たす時間が増えるといい，資本と労働が分離し始める段階であると指摘している。

　これを踏まえて，クラスタ2において得られた利益が資本としての性質を有しているか否かについて考察する。

　月平均売上高の水準をみると，「100万円未満」が3ヶ所，「100万～299万円」が7ヶ所，「300万～499万円」が1ヶ所，「500万～699万円」が1ヶ所，「700万円以上」が1ヶ所となっており，かなり高い水準である。し

図表3-19 配偶者の給与と資本金とその他の収入

その他の収入			資本金 500万円未満	500万～1,000万円未満	合計
ある	配偶者の給与	5万円以下	2 (33.3%)	0	2 (33.3%)
		6万～10万円	1 (16.7%)	0	1 (16.7%)
		11万～15万円	0	0	0
		21万円以上	2 (33.3%)	1 (16.7%)	3 (50%)
	合計		5 (83.3%)	1 (16.7%)	6 (100%)
ない	配偶者の給与	5万円以下	1 (14.3%)	0	1 (14.3%)
		6万～10万円	2 (28.6%)	0	2 (28.6%)
		11万～15万円	2 (28.6%)	0	2 (28.6%)
		21万円以上	1 (14.3%)	1 (14.3%)	2 (28.6%)
	合計		6 (85.7%)	1 (14.3%)	7 (100%)

かし，資本金の水準は，クラスタ1に比べ非常に低い水準である。その内容をみると，資本金500万円未満の事業所が11ヶ所であり，資本金500万～1,000万円未満の事業所は1ヶ所で従業者数3～4人規模の事業所である。

「商店経営以外の収入の有無」についてみると，6ヶ所の事業所が「ある」と回答しているが，その中で1ヶ所だけが「資産を蓄積できる」という経営満足をもっている。この事業所は，クラスタ1の3ヶ所の事業所と同様に個人の財産蓄積のために資本が使われていると思われる。また，「ない」と答えた7ヶ所の事業所中，3ヶ所が「資産を蓄積できる」という経営満足をもっていると回答しており，この3ヶ所の事業所は「月平均売上高」水準が高い。しかし，「配偶者の給与水準」（図表3-19参照）をみると，11万～15万円が2ヶ所，21万円以上が5ヶ所となっており，クラスタ1に比べて家族労働が賃金として有償化しているといえるだろう。また，「他人に指示されずに自分の意思でできる」「時間を自由に使える」「自分の能力が十分発揮できる」という経営満足をもっていることから窺えるように，事業主が販売活動に従事する時間が少なくなって営業活動などに果たす時間が増えたことで，経営能力が発揮できるようになったことを裏づける。

図表 3-20　経営目的と開業年次

	経営目的	A 現状維持志向	B 現状維持志向+地元志向	現状維持志向+地元志向+成長志向	C 現状維持志向+革新志向	現状維持志向+成長志向	全ての経営目的	合計
開業年次	5年以下	3(23.1%)	0	0	0	0	0	3(23.1%)
	6～10年	0	0	0	0	1(7.7%)	0	1(7.7%)
	11～20年	1(7.7%)	0	0	0	0	0	1(7.7%)
	21～30年	0	0	1(7.7%)	1(7.7%)	0	1(7.7%)	3(23.1%)
	31年以上	0	4(30.8%)	0	0	0	1(7.7%)	5(38.5%)
	合計	4(30.8%)	4(30.8%)	1(7.7%)	1(7.7%)	1(7.7%)	2(15.4%)	13(100%)

　以上のことから、クラスタ2は清成教授が指摘したように、資本蓄積を求めるわけではなく、利益は個人資産として蓄積される場合もあるが、拡大再生産が志向されることもある階層であり、「企業的家族経営」に当てはまると考える。

　さらに、「経営目的」からみると、クラスタ2は複数の経営目的をもっており、上述したように全事業所において「生業志向」と「個人志向」が強い。よって、ここではこれらの経営目的を「現状維持志向」と見なし、3つの小グループに分類する（図表3-20と21参照）。

　グループA（4ヶ所）は、現状維持のみを経営目的としているグループであって、4ヶ所中、3ヶ所が事業年数「5年以下」の新規参入グループであるとみられる。

　月平均売上高水準は、「100万円未満」2ヶ所、「100万～299万円」2ヶ所と小グループのなかで、一番低い水準である。また、経営者の年齢についてみると、3ヶ所が「40～49歳」と小グループのなかでは最も若い。しかし、これらの事業所は「経営満足」のなかでも、「地元に密着し、地域住民に喜ばれている」「自分の能力が十分発揮できる」ことに満足していると回答しており、廃業を意味する経営困難に陥っているとは判断できない。このことから、グループAは、まだ事業年数が浅く発展の途上にあるため現状維持を中心とし

3章　経営目的の観点からみる小零細小売業の分析

図表3-21　各小グループの主な内容

		A			B			C			合計
		事業主のみ	1～2人	3～4人	事業主のみ	1～2人	3～4人	事業主のみ	1～2人	3～4人	
事業年数	5年以下	0	2 (15.4%)	1 (7.7%)	0	0	0	0	0	0	3 (23.1%)
	6～10年	0	0	0	0	0	0	0	1 (7.7%)	0	1 (7.7%)
	11～20年	1 (7.7%)	0	0	0	0	0	0	0	0	1 (7.7%)
	21～30年	0	0	0	0	0	1 (7.7%)	1 (7.7%)	1 (7.7%)	0	3 (23.1%)
	31年以上	0	0	0	2 (15.4%)	2 (15.4%)	2 (15.4%)	0	0	1 (7.7%)	5 (38.5%)
	合計	1 (7.7%)	2 (15.4%)	1 (7.7%)	2 (15.4%)	2 (15.4%)	3 (23.1%)	1 (7.7%)	2 (15.4%)	1 (7.7%)	13 (100%)
月平均売上高	100万円未満	0	1 (7.7%)	1 (7.7%)	0	0	2 (15.4%)	1 (7.7%)	0	0	3 (23.1%)
	100万～299万円	1 (7.7%)	1 (7.7%)	0	1 (7.7%)	1 (7.7%)	2 (15.4%)	0	1 (7.7%)	0	7 (53.8%)
	300万～499万円	0	0	0	0	0	0	0	0	1 (7.7%)	1 (7.7%)
	500万～699万円	0	0	0	0	1 (7.7%)	0	0	0	0	1 (7.7%)
	700万円以上	0	0	0	1 (7.7%)	0	0	0	0	0	1 (7.7%)
	合計	1 (7.7%)	2 (15.4%)	1 (7.7%)	2 (15.4%)	2 (15.4%)	3 (23.1%)	1 (7.7%)	2 (15.4%)	1 (7.7%)	13 (100%)
経営者の年齢	40～49歳	1 (7.7%)	2 (15.4%)	1 (7.7%)	0	0	0	1 (7.7%)	0	0	5 (38.5%)
	50～59歳	0	0	0	0	1 (7.7%)	1 (7.7%)	0	2 (15.4%)	0	4 (30.8%)
	60～69歳	0	0	0	1 (7.7%)	1 (7.7%)	0	0	0	0	2 (15.4%)
	70歳以上	0	0	0	1 (7.7%)	0	2	0	0	0	2 (15.4%)
	合計	1 (7.7%)	2 (15.4%)	1 (7.7%)	2 (15.4%)	2 (15.4%)	3 (23.1%)	1 (7.7%)	2 (15.4%)	1 (7.7%)	13 (100%)
後継者の有無	いる	0	0	0	2	0	1 (7.7%)	0	0	0	4 (30.8%)
	いない	1 (7.7%)	2 (15.4%)	1 (7.7%)	0	2 (15.4%)	2 (15.4%)	1 (7.7%)	2 (15.4%)	1 (7.7%)	9 (69.2%)
	合計	1 (7.7%)	2 (15.4%)	1 (7.7%)	2 (15.4%)	2 (15.4%)	3 (23.1%)	1 (7.7%)	2 (15.4%)	1 (7.7%)	13 (100%)

ていると考えられる。この階層は，筆者の分類による業を起こす「起業」の段階であり，業を企てる「企業」に成長するためには，他社との経営差別化を図りながら，経営目的を高く設定しそれを達成・向上させていくための自助努力が求められる。

グループB（5ヶ所）は「現状維持志向」と共に「地元志向」を経営目的としているグループで，5ヶ所の事業所中，4ヶ所が事業年数「31年以上」の長い業歴をもっている地域密着型の小零細小売業である。月平均売上高の水準は，「100万〜299万円」3ヶ所，「500万〜699万円」1ヶ所，「700万円以上」1ヶ所と，小グループのなかでは最も高い水準である。また，経営者の年齢についてみると，「60〜69歳」2人，「70歳以上」2人と経営者の高齢化が進んでいるとみられる。しかし，4ヶ所の事業所においては後継者が存在しているため，経営者が高齢であっても，後継者がいることで経営意欲が衰えず，経営能力が十分発揮されている結果であると思われる。そして，これらの事業所は「地元に密着し，地域住民に喜ばれている」「他人に指示されずに自分の意思でできる」「自分の能力が十分発揮できる」ことに強い経営満足を得ていると答えている。ここからは，地域の一構成員として地域の変化に適応した商売や自らの役割を模索し努力する姿勢が読み取れるであろう。このことから，グループBは「起業」から業を企てる「企業」へと成長する段階であるとまとめられる。

グループC（4ヶ所）は，現状維持と革新，成長の経営目的を同時に志向する一見矛盾的な経営目的をもつグループであり，このグループは第2の事業を希望・計画していると思われる。まず，4ヶ所の事業年数をみると，1ヶ所が「6〜10年」，2ヶ所が「21〜30年」，残りの1ヶ所が「31年以上」となっている。

そして，月平均売上高の水準は「100万円未満」が1ヶ所，「100万〜299万円」が2ヶ所，「300万〜499万円」が1ヶ所である。これは，その地域で一定の期間，営業したことによってある程度の利益を確保しているためとみられる。

経営者の年齢についてみると,「40〜49歳」1人,「50〜59歳」2人,「70歳以上」1人とグループBに次いで経営者の高齢化が進行しているとみられるが,全事業所において後継者がいない。このような実態をグループBの月平均売上高水準に照らして鑑みると,小零細小売業減少の主な要因は,本書の問題意識の通り,経営者の高齢化や後継者難による経営意欲の消失であるとみられる。

また,「商店経営以外の収入の有無」についてみると,4ヶ所中,3ヶ所の事業所が「ある」と回答しており,2ヶ所の事業所は「資産を蓄積できる」という経営満足が強い。これらの事業所は,獲得した利益を主に個人財産の蓄積に使っていると思われる。グループCは,クラスタ1と同様に「発展のないところに不経済が存在」するという階層であり,筆者の分類に従えば転業・副業,あるいは廃業を考慮する階層である。このことは筆者のヒアリング調査からも確認できた。

このように,小零細小売業は複数の経営目的をもつ多様な存在であり,その経営は企業ライフサイクルのなかで把握されねばならないと考える。

3) クラスタ3の特徴

クラスタ3は,「発展志向型経営目的」をもつグループである。20ヶ所の事業所中,9ヶ所の事業所が「事業の拡大・発展のために再投資していきたい」という質問に「やや考えている」と回答しており,2ヶ所の事業所は「強く考えている」と回答している。「まったく考えていない」と答えた事業所は1ヶ所のみであった。

このクラスタの従業者規模別家族従業者数(図表3-22参照)についてみると,従業者数1〜2人規模の5ヶ所の事業所において家族従業者が「1人」いると回答しており,従業者数3〜4人規模では,「1人」が2ヶ所,「2人」が3ヶ所,「3人」が5ヶ所である。

また,正社員の人数(図表3-23参照)をみると,8ヶ所の事業所が正社員を雇っており,従業者数3〜4人規模では家族従業者と共に正社員「1人」ま

図表3-22　家族従業者数と従業者数

		従業者数		合計
		1～2人	3～4人	
家族従業者数	いない	3 (15%)	2 (10%)	5 (25%)
	1人	5 (25%)	2 (10%)	7 (35%)
	2人	0	3 (15%)	3 (15%)
	3人	0	5 (25%)	5 (25%)
合計		8 (40%)	12 (60%)	20 (100%)

図表3-23　正社員の人数と従業者数

		従業者数		合計
		1～2人	3～4人	
正社員の人数	いない	5 (25%)	7 (35%)	12 (60%)
	1人	3 (15%)	3 (15%)	6 (30%)
	2人	0	2 (10%)	2 (10%)
合計		8 (40%)	12 (60%)	20 (100%)

たは「2人」を雇っている事業所が5ヶ所ある。さらに，臨時雇用者を雇っている事業所は従業者数1～2人規模1ヶ所，従業者数3～4人規模7ヶ所である。

　このことから，クラスタ3は，家族労働に依存していないグループと考えられる。これは，磯部教授による「第4段階」に当てはまる。つまり，この段階における家族従業者は単なる名目的な従業者であって，販売に従事するのは主に他人労働者である。また磯部教授は，この段階においては賃金の概念が明確になると指摘した。以上のことを踏まえて，得られた利益が資本としての性質をもっているかについて確認する。

　月平均売上高の水準（図表3-24参照）をみると，「100万円未満」が5ヶ所，「100万～299万円」が10ヶ所，「300万～499万円」が2ヶ所，「500万～699万円」が2ヶ所，「700万円以上」が1ヶ所となっており，クラスタ2とほぼ同じ水準である。

3章　経営目的の観点からみる小零細小売業の分析

図表3-24　月平均売上高の水準

	事業所数	(%)	累積(%)
100万円未満	5	25	25
100万～299万円	10	50	75
300万～499万円	2	10	85
500万～699万円	2	10	95
700万円以上	1	5	100
合計	20	100	

図表3-25　商店経営以外の収入がない事業所における配偶者の給与水準

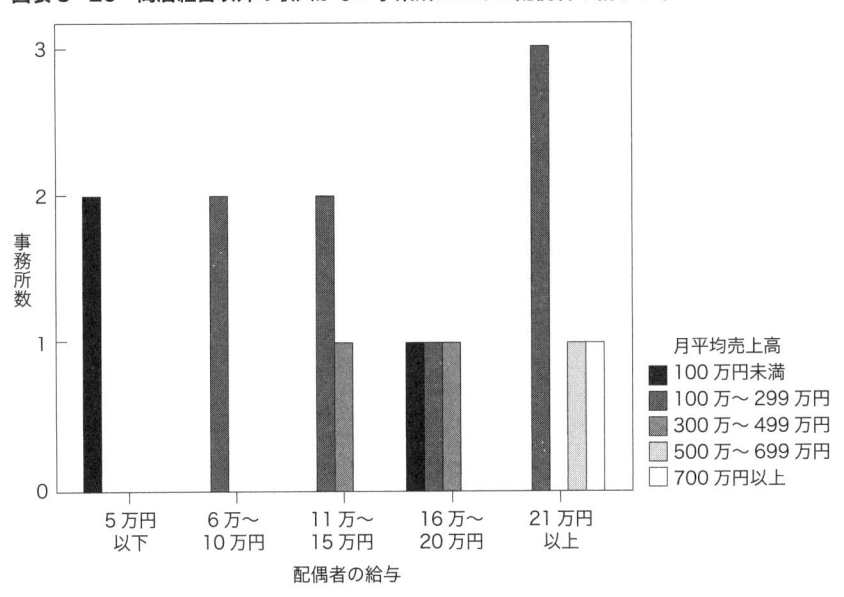

　また,「商店経営以外の収入の有無」(図表3-25参照)についてみると,5ヶ所の事業所が「ある」と答えているが,「資産を蓄積できる」という経営満足は弱いため,この収入は個人財産の蓄積には向かっていないと思われる。また,「配偶者の給与水準」をみると,「11万～15万円」が4ヶ所,「16万～20万円」が3ヶ所,「21万円以上」が6ヶ所となっており,3つのクラス

図表3-26　資本金と従業者数

		従業者数		合計
		1～2人	3～4人	
資本金	500万円未満	7 (35%)	10 (50%)	17
	500万～1,000万円未満	1 (5%)	1 (5%)	2 (10%)
	2,000万円以上	0	1 (5%)	1 (5%)
	合計	8 (40%)	12 (60%)	20 (100%)

タのなかでは一番高い水準である。

　このことから，茂木教授が指摘したように，商業活動を通して得られる利益は小零細小売業にとっても「資本」であり，必ずしも賃金労働者を雇用する必要はないことが明らかであろう。

　従業者規模別資本金の水準（図表3-26参照）をみると，資本金500万円未満の事業所は，従業者数1～2人規模で7ヶ所，従業者数3～4人規模で10ヶ所である。

　また，資本金500万～1,000万円未満の事業所はそれぞれ1ヶ所ずつであり，資本金2,000万円以上の事業所も1ヶ所である。

　資本金の水準は，月平均売上高と同様，クラスタ2とほぼ同じ水準であるが，事業年数と経営者の年齢において相違点がみられる。

　クラスタ3の事業年数についてみると，「5年以下」4ヶ所，「6～10年」4ヶ所，「11～20年」4ヶ所である。そして，経営者の年齢をみると，「40歳未満」が3人，「40～49歳」が3人，「50～59歳」が9人と，3つのクラスタのなかでは比較的若い。また，これらの事業所は「地元に密着し，地域住民に喜ばれている」「自分の能力が十分発揮できる」ことに経営満足を得ていると回答している。

　以上のことを総合的に考えると，筆者が2章の既存研究のレビューを通して問題提起した「動機」＝「経営目的」の重要性が明確になったと思われる。つまり，家族従業者を中心に営まれている小零細小売業であるとしても，経営目的を高く設定し，その達成と経営目的のさらなる向上により，成長の可能性

が広がるのである。

3節　問題提起：小零細小売業の新たな捉え方

　以上のような実証研究の分析結果を整理すると，既存研究における家族従業者の存在と他人労働者の有無という基準は，意味ある規定とはいえない。商業活動を通して得られる利益は小零細小売業にとっても「資本」であり，必ずしも賃金労働者を雇用する必要のないことが実証された。しかし，既存研究で主張されているような「非資本的な中間的存在」として，クラスタ1とクラスタ2・グループCのような事例も確認された。小零細小売業を研究する際には，従業者規模を基準に家族従業者数，他人労働者の有無はもちろん，法人化・後継者の有無とそれに関連する経営者の年齢，本業に専念しているか否か，またそれが推測できる商店経営以外の収入などを総合的に判断する必要がある。

　本研究の目的であった「得られた利益をどういう目的で使用するかという『動機』＝『経営目的』」の重要性はクラスタ分析で分類した各クラスタを比較分析し明らかにした。つまり，小零細小売業における高い水準の経営目的は経営そのものに影響を与え，売上高の向上という量的な成長として現れる。

　筆者の見解を既存研究の見解と照らしながら企業ライフサイクルのなかで説明すると（図表3-27参照），小零細小売業において開業時の利益確保に伴う存続の困難性は否定できない。しかし，生計維持の目的だけではなく，「業」を起こした以上，成長・発展を目指し，経営努力することで，その困難性から抜けられる。

　そして，企業として成長期に入る。この段階においては，「経営目的」の向上はもちろんのこと，さらなる発展と競争や環境変化に対応するため，得られた利益の一部を資本として蓄積する必要がある。もし，経営者の資産獲得のような個人的な経営目的が志向されると「業」を企てる「企業」とはいえなくなる。つまり，本業である小売業が副業化し，あるいは他業態・業種への転業を

図表 3-27　小零細小売業の成長過程

磯部浩一教授の分類	第1段階 業主1人	第2段階 業主 ＋家族従業者	第3段階 業主 ＋家族従業者 ＋賃金労働者	第4段階 業主 ＋名目の家族従業者 ＋賃金労働者
清成忠男教授の分類	副　業	生業的家族経営	企業的家族経営	本来の企業
筆者の分類	起業 生業・個人志向 (クラスタ2のグループA)	起業 → 企業 地元・革新志向 (クラスタ2のグループB)	企業 革新・成長志向 (クラスタ3)	転業・副業化，廃業 個人志向 (クラスタ1とクラスタ2のグループC)

(出所) 磯部浩一「零細企業の本質について」『調査月報』No. 26, 1963, 国民金融公庫, 1頁と清成忠男『地域小売業の新展開』日本経済新聞社, 1983, 86頁を参考に作成。

考えるものが中心となり，いつかは小売業から撤退する廃業予備軍となるであろう。

　今日の小零細小売業の衰退に象徴される小売店舗の減少は，このような過程のなかで廃業予備軍が急増し，それらが撤退していくからであると考える。

　『平成16年商業統計』によると，平成14年，平成16年と継続して営業した事業所は71万4,165ヶ所で，平成16年の従業者数1～4人規模の小売事業所82万8,326ヶ所のうち，86.2%が継続している。また，平成16年に開業した事業所は11万4,161ヶ所 (13.8%)，廃業した事業所は18万677ヶ所と平成14年の従業者数1～4人の小売事業所88万7,035ヶ所に占める割合は20.4%である。このように廃業が開業を上回っているが，従業者数5～49人の中規模小売事業所では開業が増えている[51]。

　したがって，今日小零細小売業において行政側に求められる課題としては，次の3点を挙げることができよう。1つ目は，経営者の高齢化や後継者難が経営に与える影響は大きく，素早い解決策が求められる。2つ目は，新規開業を増やすための環境づくりであり，もう1つは既存の事業所において質的な基

準である経営目的の設定，そしてそれを達成・向上させることで量的成長に結びつくように経営指導・支援することである。しかし，このような体制は整備されておらず，それにかかわる専門人材の育成・確保もできていない。

　これに関連し次章では，フランスにおける小売業を含む中小零細企業に対する行政側の創業支援政策及び保護政策について比較分析を行う。なお，小零細小売業によって構成される商店街の活性化の観点からも考察する。

注

1) 鈴木安昭「中小小売業問題とその系譜」『流通政策』第 7 号，流通政策研究所，1981，29 頁。
2) 百瀬恵夫「新企業者・後継者 / 人材育成と新起業支援」巽信晴・佐藤芳雄編『新中小企業論を学ぶ（新版）』有斐閣，2000，313 頁。
3) 小林靖雄・瀧澤菊太郎『中小企業とは何か――中小企業研究五十五年』有斐閣，1997，6 頁。
4) 小林靖雄・瀧澤菊太郎，上掲書，6 頁。
5) 山中篤太郎「中小企業と経済計算――日本の中小企業の性格の一の再検討」『一橋論叢』11 月号，日本評論新社，1959，1 頁。
6) 山中篤太郎，上掲論文，3 頁。
7) 山中篤太郎，上掲論文，3 頁。
8) 山中篤太郎，上掲論文，3〜5 頁を参考にした。
9) 山中篤太郎，上掲論文，15 頁。
10) 磯部浩一「零細企業の本質について」『調査月報』No. 26, 1963, 国民金融公庫，1 頁。
11) 磯部浩一，上掲論文，2 頁。
12) 磯部浩一，上掲論文，3 頁。
13) 磯部浩一，上掲論文，3 頁。
14) 磯部浩一，上掲論文，3 頁を要約した。
15) 磯部浩一，上掲論文，3〜4 頁。
16) 清成忠男「小規模企業観の再検討」『中央大学経済研究所年報』第 1 号，中央大学経済研究所，1971 年，94 頁。
17) 清成忠男，上掲論文，98 頁。
18) 清成忠男「中小企業の類型化について」『中央大学経済研究所年報』第 2 号，中央大学経済研究所，1972 年，148 頁。

19) 清成忠男，上掲論文，148 頁。
20) 清成忠男，上掲論文，148 頁。
21) 上林貞治郎『中小零細企業論——理論・実態・政策——』森山書店，1980，35 頁。
22) 上林貞治郎，上掲書，35 頁。
23) 上林貞治郎，上掲書，34 頁。
24) 上林貞治郎，上掲書，34 頁。
25) 上林貞治郎，上掲書，34 頁。
26) W. J. Wittereich, "*Misunderstanding the Retailer*", Harvard Business Review, May-June, 1962, p. 149 筆者翻訳。
27) 田村正紀『大型店問題』千倉書房，1981，172 頁。
28) 田村正紀，上掲書，173 頁。
29) 田村正紀，上掲書，184 頁。
30) 田村正紀，上掲書，189 頁。
31) 田村正紀，上掲書，195 頁。
32) 清成忠男『地域小売業の新展開』日本経済新聞社，1983，86 頁。
33) 清成忠男，上掲書，89 頁。
34) 清成忠男，上掲書，86 頁。
35) 清成忠男，上掲書，88 頁。
36) 清成忠男，上掲書，93 頁。
37) 石原武政「売買集中の原理と中小小売商」『中小企業季報』No. 3，大阪経済大学中小企業・経営研究所，2000 を参考にした。
38) 遠田雄志『企業理論入門』中央経済社，1980，2 頁。
39) 以上の定義は，2 章 2 節で述べた出家健治教授の「どういう目的で貨幣を投入するかという動機づけ」の見解と，磯部浩一教授の「資本と労働の分化過程からの分類」(磯部浩一，上掲論文)，田村正紀教授の著書『大型店問題』第 7 章「中小小売商業近代化への視角——経営者意識の重要性」などを参考にした。
40) 石崎忠司『企業の持続的成長性分析』同文舘，1999，17 頁。
41) 天野正子「零細小売業主婦の労働と意識——零細小売業の存立条件についての第 1 次調査から」『金城学院大学論集，社会科学編』27 号，金城学院大学，1984.3，を参考にした。
42) 田村正紀，前掲書，第 7 章と「実態調査 小売業における家族経営の実態」『調査月報』No. 265，国民金融公庫，1983 を参考にした。
43) 「町田市内においてもショッピングセンター開発は進行している。ルミネを中心にした JR 町田駅ビル (7,730 ㎡，99 年 9 月)，サウスフロントタワー町田シエロ (原町田四丁目再開発ビル) は公共施設，住宅，小売店舗 (2,688 ㎡，99 年 10 月) の複合施設，多摩境駅前に『アクロス多摩境』(店舗面積 10,965 ㎡，2000 年 3 月) がオープン，南町田では『グランベリーモール』(店舗面積 22,026 ㎡，2000 年 4 月)，『カルフール南町田』(店舗

3章　経営目的の観点からみる小零細小売業の分析

面積 7,987 ㎡, 2001 年 1 月) がオープンした」。(『町田市商工業の概要 (2004)』町田市環境・産業部経済振興課, 2005, 21 ～ 22 頁。)
44) 上掲書, 22 頁。
45) 上掲書, 30 頁。
46) 上掲書, 32 頁。
47) 田村正紀, 前掲書, 188 頁。
48) 経済産業省経済産業政策局調査統計部編『平成 14 年商業統計表』経済産業省経済産業政策局, 2003, 100 頁。
49) 蔡イン錫 (チェ インソク)『プロフェッショナルの研究成果の決定要因——研究者の組織行動, 研究成果, 人的資源管理——』慶應義塾大学産業研究所, 1999, 25 頁を参考にした。
50) 経営目的に関する質問項目が少なかったため, 主成分分析における固有値が小さく, 説明力が欠けていると思われる。しかし, 小零細小売業における経営目的は把握できたと考えられる。
51) 経済産業省経済産業政策局調査統計部編『平成 16 年商業統計』独立行政法人国立印刷局, 2006, 105 頁。表「小売業の開発等, 廃業等, 継続店別にみた就業者規模別事業所数」を参考にした。

4章 日本とフランスにおける小売商業調整政策

日本の経済が成熟した現在，これからのグローバル社会や消費者ニーズに十分に対応するために，流通構造の改善だけではなく，それを支える流通政策それ自体の問題に取り組むことが不可欠な課題となっている。

　日本における従来の大規模小売業に対する規制は，流通政策の一環として小売商業調整政策の範疇に属するものである。それは，小売業において圧倒的多数を占めている小零細小売業の事業機会の確保を目的とした従来の小売政策で，一般的に資本主義体制を維持し安定させるために，大規模小売業と小零細小売業との間に生ずる経済的ないし社会的な対立・矛盾やあつれきを調整し緩和することであった。

　要するに，大規模小売業の規制は基本的には小売分野における利害関係の調整のための調整政策である。これは，小売業における大規模小売業と小零細小売業の競争を公的介入によって調整し，小零細小売業の存立基盤を確保しようとする政策でもある。この場合，競争を調整する手段としては，小零細小売業の競争力強化・促進する手法と，大規模小売業の競争力を制限する手法という相反するやり方がとられた。日本における従来の小売商業調整政策は，主に大規模小売業を規制することで小零細小売業の事業の機会を確保するという手法がとられてきた。

　ところが，小売調整を行う大店法は日本経済の閉鎖性の象徴として，流通業の日本進出を目指すアメリカなどから厳しい批判にさらされたのである。「1996年6月にアメリカはWTOに『日本の大店法はWTOの一般規定に違反する』と提訴した。これに対して，日本政府はすでに規制緩和3ヵ年計画を進めているので，1997年12月までには必ず結論を出すと約束した」[1)]。このことから，当時日本が世界から閉鎖的な国として印象づけられ，追い詰められている様子が想像できる。そのため，そうした印象を打破するためにも日本としては目に見える形で規制緩和を進めるという姿勢を示す必要があった。

　そこで，大店法を廃止し，大規模小売業の立地を環境問題や商店街再生の視点から捉えた「大店立地法」を1998年5月に制定することになった。そして同時に，小売商業政策に関連して「中心市街地活性化法」と既存の都市計画法

を改正し「改正都市計画法」が「まちづくり3法」として成立した。大店立地法が2000年6月に施行されたことで，まちづくり3法が揃って動き出したことになったのである。またそれらの狙いは，疲弊する中心市街地の再活性化を図ると共に，街の在り方に大きな影響を与える大規模小売業の適正な配置を図り，個々の出店に関しても周辺環境との調和を取るための一定の調整プロセスを確保するということであった。

しかし，「まちづくり3法」においてその具体的なイメージや方法については記されていないため，「まちづくり3法」に基づく具体的な調整は実際に行われていないといっても過言ではない。現に，地域によって大規模小売業に対する規制の強弱性がみられており，地域の均衡ある開発が行えるか疑わしいのである。そこで，フランスにおける小零細小売業の創業支援策及び保護政策を中心に比較分析を行い，日本の小零細小売業の支援・指導政策について提言する。

1節　フランスにおける小売商業政策

日本においてヨーロッパの流通，特にフランスの流通が注目されるようになったのは，大店法が施行された1973年である。それは，政策内容がフランスのロワイエ法に影響され，また内容的に類似しているという指摘によるものであった。そして，1979年以降大店法の規制が強化されたことによって，欧米先進国は日本の流通の閉鎖性・特異性を強調した。

欧米諸国に比べると日本だけが大きな異質性をもっており，その原因が日本の保護政策に基づいていることが指摘された。しかし，20世紀後半，流通業のグローバル化が進展し，アジア諸国へヨーロッパの企業が急速に進出するようになると，それらの企業文化とか戦略の違い，またヨーロッパ諸国の流通業といっても国によって大きな差異があることなどからヨーロッパの流通が再び注目されるようになったのである。そのなかでも，フランスの流通は厳しい大規模小売業の規制政策，ハイパーマーケットという新業態の開発，地域密着の

商業集積の存在，例えば政策的にも重視している「マルシェ（Marché)」と呼ばれる小売市場を核とした先進的な都市開発など，ヨーロッパ諸国のなかでも大きな特徴がみられる。

以下では，小零細小売業を含む中小企業の創業支援策と大規模小売業の規制策である「ラファラン法」をみながら，フランスにおける小売業の現状について述べることにする。

1. 中小企業に対する創業支援策

近年，フランスの経済は民間設備投資の低下と共に雇用難により，個人消費が低迷したため，景気が停滞している。国内総生産（GDP）をみると，2000年度の3％を超える成長率が，2001年2.1％，2002年1.2％，2003年0.5％と3年連続低下している。2003年度のGDPは1993年以来最も低い水準である。

また，可処分所得（revenu disponible）の伸び率も減少しつづけており，2001年4.8％増だったのが，2000年には3.9％しか増えておらず，2003年には2.3％増と実質的に減少している。インフレ率2％に鑑みると，可処分所得はわずか0.3ポイントしか増加していないのである。その理由は，賃金総額が減ったからである。雇用情勢が非常に好況であった2000年と2001年に比べると，2003年は雇用率が2.1％増に止まっている。雇用情勢を詳しくみると，2003年度の労働人口は男女合わせて2,710万人であるが，そのうち就業者は2,450万人と2002年に比べて6万7,000人が減少した。これは，民間部門においては雇用が3万7,000人増加したが，公共部門では雇用が10万4,000人も減少したことが理由である。1993年以降初めて前年度より雇用が減少したのである。

ともあれ，フランスでは，1970年代後半から失業率が高くなり，雇用を創出する観点から創業支援策が重視されている。また，創業しても短期間で廃業することから，継続店をいかに増やすかという視点から重要視されている。これに加え，1946年から1964年までのベビーブーム世代が引退する時期を迎

えており，中小零細企業の継承や円滑な売却が重視されている。日本においても同様な問題を抱えている。また，フランスの経済は，パリを含むイル・ド・フランス県（Région Ile de France）を中心に動いており，一極集中している。よって，地方においては創業支援策が地域振興策として活用されるケースが多い[2]。

ここでは，多岐にわたる中小零細企業の創業支援策について述べる。

1) 多角的な創業支援策[3]

フランスにおいて中小企業に関する固有の定義は存在しなかった。ただ，第2次世界大戦後長い間，従業員500人未満の企業を中小企業と見なす場合が多かった。しかし，1996年4月EUの勧告により，250人未満の従業員を有する企業であると定めたのである。具体的には，「従業員19人未満の企業を零細企業（TPE：Très petites entreprises）と定義しているが，そのなかには，従業員9人までの企業を極小の企業（Micro-entreprises）と分類している。また，小規模企業（Petites entreprises）は従業員20～49人までの企業であり，中規模企業（Moyennes entreprises）は50～249人までの従業員を有する企業である。そして，これを全部一括して中小企業（Petites et moyennes entreprises：PME）」[4]と呼んでいる。

中小企業を規模別に定義し把握していることが，日本と異なるところである。

フランスでは，これらの中小企業の創業を手伝う様々な創業支援機関がある。APCE（Agence Pour la Creation d'Entreprises：企業設置庁）[5]は経済財政産業省の管轄下に置かれた機関である。主に，創業に関する情報を提供したり，それに関する調査・分析を行っている。提供する情報は，業種別の事業アイテムから会社設立までの多岐にわたる。フランスには，商工会議所をはじめ創業支援のNPO，インキュベーターなど多方面にわたる創業支援機関が3,000ヶ所あまり存在しており，APCEはこれらの機関の半数と情報ネットワークを構築して，情報を提供している。また，創業希望者及び創業者を

対象に研修・指導を行っている。例えば，EEF (Entreprendre en France[6]：直訳すると，フランスでの創業) は1973年に制定されたロワイエ法によって，商工会議所が短期間の研修を主催するように義務づけられた。また，EEFの設立に伴う政令によって研修内容もマーケティング，会計をはじめとする経営理論，経営者の権利と義務，資金調達，仕入れ及び販売先との関係，労働組合など多岐にわたる。EEFは，1995年商工会議所 (CCI：Chambre de Commerce et d'Industrie) の中央組織であるACFCI (Assemblée des Chambres Françaises de Commerce et d'Industrie：フランス商工会議所連盟) とFBF (Fédération Bancaire Française：フランス銀行連盟) によって設立された。

　EEFが行う研修は大きく3段階に分かれている。第1段階では，半日間のオリエンテーションを行い創業希望者に種々の情報を提供する。年間約5万人が受講するという。第2段階においては，「創業のための5日間 (5 jours pour Entreprendre)」というプログラムを設け，創業時に必要な経営の理論的な基礎知識に加え，競争や価格設定に関するマーケティングや会計，資金調達などの実践的な演習を実施する。さらに，個別のコンサルティングも行っている。第3段階では，創業後の個別指導を3年間にわたり行う。その内容は，経営・会計面での助言はもちろん，資金調達先の探索なども行い，企業の成長環境が整うように努める。

　Boutique de Gestion (直訳すると，経営の店) は，NPO組織として1979年に設立された。現在，フランスの22地域圏96県のうち，21地域圏82県に400ヶ所の拠点をもつ最大のNPO組織である。EEFと同様に，弁護士や公認会計士，マーケティング・コンサルタントなどの730人のアドバイザーがネットワークをベースにして，創業前から創業後までを対象に研修や指導を行っている。

　Boutique de Gestionの2004年度の実績をみると，個別指導の対象になった創業希望者は3万人を超える。具体的には，コンサルティングや研修を受けた創業予定者は5万8,930人であり，そのうち，個別指導の対象となった

創業予定者は 3 万 6,264 人である。また，Boutique de Gestion を通して創業した企業は 9,764 社で，1 万 2,390 人の雇用が創出された。なお，創業後 2 年間経営指導を受けた経営者は 9,675 人である[7]。このように Boutique de Gestion を利用する人は EEF より多い。その理由は，研修よりは個別指導に重きを置いているからだと考えられる。

これ以外にも chéquier-conseil 日本語に訳すと，「アドバイス小切手」という制度がある。この制度は，失業者が創業する際，創業前から創業後の 1 年間にかけて，弁護士やマーケティング・コンサルタントなどの専門家から 6 時間分のアドバイスを受けるための費用約 275 ユーロを援助する制度である。助成金を支給するだけではなく，維持・成長させるための取組みである。

2) フランスの創業支援の特徴

以上のように，フランスの創業支援策は NPO が中心となっており，大きな役割を果たしている。INSEE の調査によると，1998 年に創業した企業のうち，創業前に研修を受講した割合は 34％，コンサルティングを受けた割合は 54％となっており，これらの創業支援策がある程度普及していることが分かる。また，創業後の指導についてみると，指導された企業の 62％が最低でも 1 人の従業員を雇っており，64％の企業は売上高が安定したという[8]。

これらの創業支援機関は，多くのボランティアが参加することによって成り立っている。創業支援によって失業問題を解消したり地域振興を図ったりするといった，公共性の強い使命を担っているからこそ，非営利組織がふさわしいのであろう。また，創業前後に研修や指導が実施されるが，特に創業後数年間にわたる個別の指導は特徴的である。企業が創業直後に直面する困難性に的確かつ迅速に対応することで成長させるという政府の強い要望が読み取れる。日本も資金面の支援だけではなく，創業前の研修や指導，創業後の経営に関するアドバイスなどの専門的な支援を同時に充実させておく必要がある。重要なのは，創業よりも創業後の経営を維持することであろう。

2. フランスにおける大規模小売業の規制策

フランスにおいて2003年度の商業・製造販売業部門の企業数は66万6,000社であり，1994年から減少しつづけた企業設立が10.2％増加した。また，従業者数は商業部門では335万人，製造販売業部門では24万4,000人である。フランス全体の雇用者数は2003年には減少しているが，商業・製造販売業部門では1.2％増とわずかながらも増加している。年間売上高は，1兆1,000億ユーロであり，そのうち，小売業は36％を占めている。しかし，1998年以来順調に業績を伸ばしていた小売業は，2002年に比べ，年間売上高が0.8％しか増加しておらず，実質的には減少している。

しかし，2002年に急増したスーパーマーケットをはじめとする大規模小売業は，2003年にも売場面積を2.5％増加させた。食料品を中心とするスーパーマーケットが小売業に占めるシェアはさらに拡大し，小売業部門における年間売上高の44.0％を占めるようになっている。特に，ハイパーマーケットとスーパーマーケットは，食料品の総売上高の66.9％を占めている。また，2003年度には86店舗のスーパーマーケットが新規開店した。これに対して，ハイパーマーケットの新規開店はなかったが，29店舗のスーパーマーケットがハイパーマーケットに切り換わった。

一方，1999年から競争に耐えてきた小型スーパーマーケットに代表される中小小売業は年間売上高を1.4％減少させた。具体的には，「パン屋・製菓店」が2002年度に比べ1.1％減少している。また，「肉屋・豚肉屋」の場合は4.6％も減少した。しかし，非食料品分野においては「衣類・履物」を除く全てが増加している。特に，「薬品・ドラッグストア」は5％も増加した[9]。日本においても類似した現象である。

1) 大規模小売業規制政策の変遷

フランスは，1949年から始まったとみられる高度経済成長期において急激な人口増加，都市化の進展，自動車の普及，可処分所得の増大に伴う消費構造の変化などにより経済は大きく変化した。

フランスでは伝統的に食品流通については，中小零細小売業が主流を占め，また食品以外では専門店が優位を保ってきた。そして，売場面積でいえば，100㎡以上の店舗は，百貨店を除くと，ほとんど存在しなかった。また，百貨店の取扱商品は，衣料品が中心であったが，その主流となっていたのは中級品であり，高級品は伝統的な専門店が取扱っていた。百貨店以外の新しい業態は，「廉売百貨店」[10]が1927年に出現したが，1945年時点で135店にすぎず，この業態が増加したのは，1950年代後半にセルフサービス方式を広く普及させたスーパーマーケットの発展以降である。言い換えると，フランスは世界で初めて百貨店を生み出して以降，流通構造では100年間にわたって大きな変化がみられなかったのである[11]。

1957年にできたスーパーマーケットは，着実に伸びていったが，特に目覚しい発展がみられたのは，1968年以降である。一方，ハイパーマーケットは，1963年にカルフールによって設立された。これは売場面積2,500㎡以上のもので，その1/3以上が食料品であり，セルフサービス方式で販売した。ハイパーマーケットのほとんどは，都市の周辺地域に立地し1階建てで駐車場を完備していた。

1961年8月フォンタネ通達（circulaire Fontanet）が出され，商業施設の役割を重視した提案が行われた。また，当時の「商業近代化委員会報告」でも，大規模な住宅開発に際しては，商業施設への配慮も必要であるとして，アメリカ型のショッピングセンターについて言及している。その背景には，1960年代フランスの植民地のほとんどが独立を果たしたため，植民地に在留していた人々の本国への引揚げによって国内人口が急増したことである。

その後，「1969年7月の通達では，『伝統的な開発ならびに競争自由の原則は，公共計画と矛盾がないようにしなければならない』として床面積1万㎡以上の商業施設については，都市計画との整合性の必要性があることが指摘され，各県に商業都市計画諮問委員会（commission consultative d'urbanisme commercial)」[12]が設立された。さらに，消費者利益の確保，商業のあらゆる形態の共存，有効競争の維持という3つの柱を掲げた。また，1970年5月

の通達では，3,000 ㎡以上の売場面積をもつ商業施設計画を商業都市計画委員会（Commission départementale d'urbanisme）において審議することが義務づけられた。1972 年には，経済財務産業省（Ministère de l'Économie, des Finances et de l'Industrie）から商業手工業省（Ministère des Petites et Moyennes Entreprises du Commerce, de l'Artisanat et des Professions Libérales）が独立した。しかし，これらの施策だけではハイパーマーケットなどの大規模小売業が引き起こす問題に対応できなくなり，2つの通達を集約させたものとしてロワイエ法（Loi Royer）が 1973 年 12 月に制定されたのである。

ロワイエ法は，5編62条で構成されている。そのなかで，大規模小売業の出店調整に関しては第3編 第1章の25条と第2章 第28条から第36条に記されている。ロワイエ法は，当該地域における中小小売業の状況，商業施設の状況，都市計画・地域計画との関連に配慮し，大規模小売業の出店を判断する。

主な内容は，規制対象を人口4万人以上の地域では内部床面積が3,000 ㎡または売場面積が 1,500 ㎡を超える（人口4万人未満の地域では，それぞれ 2,000 ㎡，1,000 ㎡）大規模小売業としている。県商業都市計画委員会（CDUC：Commission Départementale d'Urbanisme Commercial）で審議される。CDUCの構成は，市町村長を含む計画地域選出の代表9人，商業・手工業の代表9人，消費者団体の代表2人，合計20人である。CDUCは，申請受理後3ヶ月以内に審査・決定を行う。この期間が経過した時は許可されたと見なす。もしその決定に不服がある場合は，2ヶ月以内に商業手工業大臣に提訴し，3ヶ月以内に国レベルの全国商業都市計画委員会（CNUC：Commission Nationale d'Urbanisme Commercial）の決議を受け商業手工業大臣が決定する。このCNUCは，国民議会（下院）5人，元老院（上院）4人，商業・手工業の代表9人，消費者代表2人で，CDUCと同じく20人で構成される[13]。

ロワイエ法は 1990 年代に入って，数回にわたり改正・強化された。1990

年12月に改正されたデュバン法（Loi Doubin）では，ロワイエ法の基準をわずかに下回る店舗の出店規制や商業者への社会保障制度の充実がもりこまれた。また，1993年1月に改正されたサパン法（Loi Sapin）は，「贈収賄防止ならびに行政手続きと経済の透明性に関する法」であり，商業都市計画に関する条文である。それまでの調整組織であったCDUCに代わり県商業施設委員会（CDEC：Commission Départementale d'Équipement Commercial）が設立された。CDECの構成をみると，立地予定地の市町村長，自治体公共施設の代表者，人口密度の高い2つのコミューンの市町村長などの議員4人，そのコミューンの商工会議所会長，手工業会議所（Chambre des Métiers et de l'Artisanat）会長，消費者代表の各1人の合計7人である。また，CNUCが全国商業施設委員会（CNEC：Commission Nationale d'Équipement Commercial）に変更された。さらに，1993年3月の政令で，県商業施設観測機関（ODEC：Observatoire Départemental d'Équipement Commercial）と全国商業施設観測機関（ONEC：Observatoire National d'Équipement Commercial）が設立された。ODECは，400㎡を超える売場面積の商業施設の詳細調査ならびに400㎡以下の商業，手工業，サービス業者のリスト作成，今後の商業構造の変化について分析を行い，毎年CDECに報告する。また，ONECは商業構造変化の分析や商業施設委員会が行った決定の分析を行う[14]。同年の4月には，当時のバラデュール首相（Premier ministre Edouard Balladur）による大規模小売業の出店凍結宣言も出されたのである。そして，「経済社会評議会（Conseil économique et social）が同年11月に通告した『国土開発における流通の役割』では，より良い国土開発のために地方・山岳地の流通の再生化，都市商業（特に中小商業者）の再活性化，十分計画され責任ある方法での郊外商業施設の選択」[15]などの3つの目標が追求されるべきであると提言した。

　このような流れのなかで，「1995年11月にはジュペ首相（Premier ministre Alain Juppé──筆者注）による『フランスにとっての中小企業』（"PME pour la France"──筆者注）計画が実施され，中小企業振興策が重

視されるようになり，300平方メートル以上の小売店を規制の対象に含め，大型の商業施設については公聴会により意見を聞くことが義務化された。また，1996年4月から6ヶ月間300平方メートル以上の小売店舗の出店凍結が行われ，ラファラン法『商業手工業の振興・発展に関する法（1996年7月5日，No. 96-603の法律）』ができている」[16]。

　ロワイエ法は，高齢者や障害者などの社会的経済的弱者のために商業上の観点から大規模小売業と地元中小小売業とのバランスをとることを目的としていたが，事実上は，中小小売業を保護するものであった。しかし，同法の盲点を突く基準面積以下の出店が多発し，法の改正を行ったのである。これは，1979年大店法の1次改正の背景と同様である。フランスも日本と同様に幾度も規制策を見直しており，今日のフランスにおける大規模小売業の出店規制は，日本の規制緩和とは正反対の規制強化といえる。

2）ラファラン法の内容及び特徴

　ラファラン法（Loi Raffarin）では，規制となる売場面積の変更と規制対象の拡大が行われた。同法の主な内容は次の通りである[17]。

①人口4万人以上の都市は1,500㎡以上，4万人未満の都市は1,000㎡以上の売場面積が許可対象であったものをいずれの都市も300㎡以上と対象を拡大した。

　詳しくは，売場面積300㎡以上の店舗の新設及び既存の店が食品中心店へ転換する場合や既存の店が集積して1,000㎡以上の店舗として開業する場合，規制の対象となる。また，既存の店が業種転換で非食品中心の店を2,000㎡以上の店舗として開業する場合も対象となる。

②規制対象には，大規模小売業の新築・増床の他，ホテル，シネマセンター，店舗付きガソリンスタンドが追加された。例えば，部屋数30室以上の収容能力のあるホテルの新設は事前認可の対象となる。ただし，イル・ド・フランス県においてはこの上限を50室とする。ホテル業をロワイエ法の規制対象とした理由は，伝統的なホテル業の衰退を回避したいという政府の強

い意思がある。ホテル業者がこれらの規定により手続きをする場合，CDECは県観光委員会（Comité Départemental du Tourisme）に事前に意見を求める。そして，中小都市近郊におけるシネマセンターの進出は，中心市街地の空洞化を助長しているため，規制の対象となった。シネマ施設委員会（Commission départementale d'équipement cinématographique）は，県知事が主宰する。この委員会で，認可対象となるのは座席数1,500以上のシネマセンターの開設・増床の場合である。

③店舗面積6,000㎡以上の新設・増床には公聴会を義務づけた。

④1993年，サパン法によりCDECの構成メンバーが7人と削減されたが，同法ではさらに議員代表を1人減らし3人とし，許可に必要な賛成数を過半数から4人とした。また，CNECは7人から8人に増えている。

また，1996年7月にギャラン法（Loi Galland）「(「取引関係の公正及び衡平に関する1996年7月1日の法律」）も策定されている。この法はメーカーおよび流通業者が，市場から競争者を排除することを目的として不当な価格で販売する行為を禁止することが目的とされる。この法により，商品の不当廉売の規制が厳しく罰せられるようになってきている。またハイパーマーケットが供給業者に対して特別なリベートや協賛金を請求するなど購買力の濫用も問題とされる」[18]。

従来の基準に加わった基準としては，雇用者・非雇用者への影響，環境保護及び都市計画の質，商業施設の近代化・調整の必要性が挙げられ，抑止的な罰則規定も整備されている。ロワイエ法において重要とされた種々の業態の均衡は，著しく損なわれていたのである。さらに近年，中小小売業はそのシェアを急速に低下させ，雇用への悪影響が認識されてきた。よって，中小小売業の保護を目的とする「ラファラン法」のような厳しい規制強化策が取られたのである。しかし，300㎡程度の店を規制の対象とするため，中小小売業の営業活動も規制され，小売イノベーションが起こりにくいという負の側面も存在する。ともあれ，フランスでは，大規模小売業の規制は地方政府の判断を尊重しつつも中央政府がそれを調整するという体制を取っている。

2節　日本における「まちづくり3法」の再評価

　ここでは，大規模小売業と小零細小売業との競争関係を考察する際，商品やサービスの効率的な供給面から捉えるのではなく，生活環境と小売業の関係に重点をおいて展開する。つまり，地域の交通混雑をもたらす恐れはあるのか，市街地における地価問題に悪影響を及ぼす恐れはあるのか，また都市景観に及ぼす影響など，多角的な角度からそれらの競争を評価する必要がある。

　これは，小零細小売業の集積である商店街を消費者の単なる買物の場としてみるのではなく，地域住民の生活拠点としての優位性を生かしながら，道路の整備や公園，河川などの公共空間の充実などを積極的に進めていく必要性をもたらすことになる。

　近年，大店法が廃止され，規制緩和の名のもとに，それが制定された当時みられた競争促進による流通近代化・合理化路線が復活した。このような変化は，従来の小売商業調整からまちづくりへの転換を促した。したがって，小零細小売業は大型店の出店を全面的に反対することによって，事業機会を確保するのではなく，自らが地域社会のなかでどのような役割を果たし，地域社会に評価される商業集積をどのように形成するかを模索する必要がある。

　したがって，大店立地法と改正都市計画法，中心市街地活性化法のいわゆる「まちづくり3法」の制定背景及び主な内容を確認し，それぞれの法律を運用面の問題点から検討する。

1. 大店立地法の主な内容と現状

　前述したような背景で，大店法は廃止され，大店立地法をはじめとする「まちづくり3法」が制定，施行された。「まちづくり3法」において注目するところは，「まちづくり3法」いずれも運用するのは都道府県あるいは政令指定都市，地方自治体が運用主体となったことである。地元が責任をもって自らの街の在り方や大規模小売業と街との調和を考え，これらを実行することになったため自治体にまちづくりの強い権限が与えられ，商業施設開発は新しい時代

に突入した。

　従来の大店法と大店立地法は，その目的が大きく異なる。大店立地法はその目的を第一条で次のように規定している。「この法律は，大規模小売店舗の立地に関し，その周辺の地域の生活環境の保持のため，大規模小売店舗を設置する者によりその施設の配置及び運営方法について適正な配慮がなされることを確保することにより，小売業の健全な発展を図り，もって国民経済及び地域社会の健全な発展並びに国民生活の向上に寄与することを目的とする」[19]。

　大店法が中小零細小売業の保護を目的としているのに対し，大店立地法では地域の環境保護が前面に打ち出された。対象となる店舗は大店法が500㎡以上の店舗面積を持つ店舗であるのに対し，大店立地法は店舗面積1,000㎡以上に適用される。

　「大店法の調整4項目が①店舗面積，②閉店時間，③閉店日数，④休業日数だったのに対し，大店立地法では①交通渋滞，②廃棄物処理，③騒音，④駐車・駐輪場の地域環境に関する項目が審査内容となる。開店時間が審査対象から外れたことで，24時間営業も可能となった。さらに運用主体は国や都道府県だったものが，地方自治体に代わる。大店立地法で『設置者が配慮すべき基本的事項』として挙げられたのは，①立地に伴う周辺地域の生活環境への影響について予め十分な調査・予測を行い適切に対応すること，②説明会においては地域住民への適切な説明を行うこと，③都道府県及び政令指定都市からの意見には誠意を持って対応すること，④手続きの中で講ずることになった対応策は適切に行うこと，⑤届出時に対応策の前提として調査・予測した結果と乖離がある時には必要な措置を取ることの5点である」[20]。

　大店法では，大規模小売業の出店の可否を最終的に判断するのは国だったが，大店立地法では出店を審査するのは都道府県・政令指定都市である。出店者は指示に従って環境対策を策定する。そして，自治体は指針や，地元自治体・住民などからの意見を基に出店を審査する。対策が不十分と判断した場合は，改善を勧告し，正当な理由なく勧告に従わない時はその旨を公表することができるに止まっている。大店法のように営業停止といった厳しい処分を科す

ことはできない。

　大店立地法に基づく大規模小売業の新増設に関する調整手続の流れをみると，「出店を予定している大型店は都道府県・政令指定都市に計画を提出し，2ヶ月以内に説明を開催する。地元住民は提出から4ヶ月以内に意見を提出し，これをもとに都道府県・政令指定都市が意見をまとめ，計画に異議がなければ大型店が出店できる。逆にいえばこの間，提出から8ヶ月経過しないと大型店が新増設できない。異議が出た場合は，大型店は対応策を示さなければならない。出店者の自主的対応策にも2ヶ月以内にさらに異議が出されると，都道府県・政令指定都市は大型店に再度の勧告を行う。このように合計10ヶ月が必要とされるが，これに届出者の自主的対応策を提示するための必要な検討期間を加えると，大型店の届出から新増設までの期間は約1年と見込まれている」[21]。大店法は審査に時間がかかる上に，多くの場合，出店者に店舗面積の削減や営業時間の短縮などを求められていたが，大店立地法は駐車場や環境基準さえクリアすれば，短時間で出店できるようになった。

　大店立地法に定められた環境指針によると，「駐車場の設置基準は，大型店へのピーク1時間当たりの来店自動車台数に平均駐車時間をかけて算出する仕組みである。駐車時間や来店台数は店舗面積や都市規模によって違う数値が決められた。自動車来店者数が多いと想定される郊外立地型ほど大型の駐車場を設置する仕組みにし，公共交通機関による来店者数が多い都市立地型の大型店に配慮した。また，廃棄物保管場所の規模については店舗規模の他，衣料品専門店や総合店といった業態別に分けて基準を設定した。数値基準は通産省が実施した全国約3,000店の大型店の実態調査で得たデータに基づき決定したのである。具体的な数値や分類は5年後を目途に見直す方針である。厳格な数値基準を定めた環境指針であるが，その位置づけには曖昧さが残る。通産省は，環境指針をナショナルスタンダードと強調しながらも，運用主体となる自治体が地域の実情に応じた独自基準を設定することも認められるとしている」[22]。周辺環境の保護という社会的規制を建前にする大店立地法だが環境条件は曖昧で，環境条件により開発が阻害される可能性もある。

4章　日本とフランスにおける小売商業調整政策

図表4-1　大店法と大店立地法の比較

	大店法	大店立地法
規制の性質	経済的規制	社会的規制
目　　的	・中小小売業者の事業機会の確保 （営業規制）	・周辺地域の生活環境の保持 （環境規制）
規制対象となる店舗面積	① 第1種：3,000㎡以上 　　政令指定都市では6,000㎡以上 ② 第2種：500㎡超3,000㎡未満 　　政令指定都市では，6,000㎡未満 ＊ 但し，1994年以降，1,000㎡未満は原則自由	1,000㎡以上
調整主体	① 通産大臣 ② 都道府県知事	・都道府県・政令指定都市 ・市町村の意見の聴取義務あり
調整事項	① 店舗面積 ② 閉店時刻（営業時間） ③ 休業日数 ④ 開店日	配慮すべき事項に関する指針 ① 施設の配置や運営方法 ② 指針で，交通，騒音，廃棄物の達成基準を定める
調整期間	最長1年	最長1年
行政措置	勧告・命令	勧告・公表

（出所）寺島正尚「大規模小売業を取り巻く環境規制の現状」『季刊輸送展望』日通総合研究所，2000，Spring（No. 253）及び，田口冬樹『体系流通論』白桃書房，2001，より作成。

　大規模小売業の出店が環境面からとはいえ規制を受けるのに対し，中小零細小売業はその規制から除外されている。この点についても大店立地法は，中小零細小売業を大規模小売業から守るための保護策的な性格をもっている。

　大店立地法が施行されてから2年後の2002年当時の状況をみると，大規模小売業の新設届出に関する自治体による審議や意見公表に伴い，自治体の運用方針と大規模小売業間の問題が徐々に明らかになってきた。「大店立地法の課題を探るために東京，大阪，千葉，横浜，京都，神戸の政令指定都市の合計8ヶ所の商工会議所が共同で6月24日から7月19日まで『大型小売店とまちづくりに関するアンケート調査』を実施した。その結果，大店立地法施行後，大型店の出店は『難しくなった』が49.7％，『容易になった』が17.9％，『変わらない』が12.1％であった。難しくなった理由は，『事前調査コストの増加（80.2％）』，『基準クリアのための建設コストが増加（61.6％）』が多い

図表 4-2　1 都 4 県の大型店新設届出件数

地　域	2002 年 4～9 月	2001 年 4～9 月
東京都	18	11
千葉県 （うち千葉市）	21 (2)	14
神奈川県 （うち横浜市） （うち川崎市）	6 (3) (0)	12
埼玉県	14	11
山梨県	3	3
合計	62	51

（出所）日本経済新聞，2002．11．8 から引用。

回答であった。また，大店立地法の指針・運用面の問題については，『調査コストが過大（66.5％）』，『都心部では指針数値が則さない（44.5％）』であった。実際，東京・銀座のような都心部では駐車場のスペースが限られており，指針通りにやろうとしたら建て替えすらできないという指摘が多い」[23]。

　このように交通量や騒音調査に関しては，多くの大規模小売業にノウハウがなく，外部の専門業者に委託するケースがほとんどで，その費用負担が大きくなっている。また，大店立地法の指針で定める駐車場の規模は，地域によっては非現実的な数字を求められるといった不満が広がっていた。このように，大店立地法の運用次第では，大規模小売業の出店規制にもなり得たのである。

　例えば，首都圏 1 都 3 県（東京都，神奈川県，千葉県，埼玉県）と山梨県では大規模小売業の出店が増加している（図表 4-2 参照）。「2002 年度上半期（4～9 月）の大型店出店届出数は，合計 62 件で前年同期を 2 割上回った。そして，既存店では，営業時間の延長や 24 時間営業も目立つ」[24]。この地域において，出店が増加した要因としては，地価下落であり，中心商業地での大規模小売業の出店がしやすい環境が整備されはじめている。

　しかし，神奈川県の横浜市と川崎市では出店届出数が半減しており，出店規制の地域差が窺える。「大店立地法により厳しい駐車場設置基準を持つ横浜市での出店届出は，昨年度上半期の 6 件から 3 件に減った。そして，同時期に 2

件だった川崎市は皆無であった。両市は，深夜営業する場合に事前届出を必要とするなどの規制を持っている」[25]。

　地方自治体は，罰則規定のない大店立地法をその地域の環境に配慮しながら運用し，その結果出店規制の強弱の地域差が明確となった。したがって，千葉県・埼玉県のように大規模小売業の出店を支援している地域に大規模小売業が集中し，地域間の競争を激化させた。また，長期不況で個人消費の不振が続くなか，このような大規模小売業の増加は，まちづくりの理念のもとで魅力的な商業施設の整備が期待できなくなり，中小零細小売業によって構成される商店街への悪影響が生じたのである。

2．中心市街地活性化法に関する考察
1）中心市街地活性化法の成立経緯[26]

　急速なモータリゼーションの進展，消費者の購買行動やニーズの変化，中心市街地での地価の高騰などの影響を受け，人口の郊外移転やこれに伴う大規模小売業の郊外展開などが進んだ結果，中心市街地において空き店舗の増加や大規模小売業の中心部からの退店などにより，商業機能の空洞化が進んでいる。これまで商店街の様々な取組みがなされてきたが，個々の商店街レベルでの努力では解決できない問題が数多く存在した。商業は，中心市街地において人・モノ・情報などの交流の中核的担い手であるから，その空洞化は中心市街地全体の機能の衰退をもたらすことになる。21世紀の活力ある経済社会を構築するためにも，中心市街地における商業・サービス機能の集積を図っていくことは，極めて重要な課題である。そして，高齢化の進展やエネルギー・環境問題の高まるなか，モータリゼーションの恩恵を受けることが困難な人々が中心市街地において増加しつつあり，街にとって，豊かな生活空間としての質の高いまちづくりが緊急に必要とされている。

　産業構造審議会流通部会と中小企業政策審議会流通小委員会の合同会議は，大店法廃止を盛り込んだ中心市街地活性化について審議し，中間まとめとして『中心市街地における商業の振興について』を1997年8月に発表した。ここ

では，中心市街地活性化などの進め方について述べられており，中心市街地の活性化のためには，商業やサービス業の振興，街路や駐車場などインフラの整備，公共施設の配置，公共交通機関の整備，住居の整備など広範な対策が一体的・有機的連携を持って進められるべきであるとした。また，中心市街地活性化は市町村の規模や実情に応じて，関係者自身の意欲とアイディアによって進められるべきものであり，したがって国の支援は，人口等一律の基準によるものではなく，地域の特性を踏まえた熟度の高い優れたプランを有する地域が対象とされるべきであり，ばらまき的な支援を避け，真に効果的な支援ができるような仕組みが構築されることが必要であるとした。

特に，商業振興の具体的施策について次のように述べている[27]。①魅力ある商業集積づくりのためには，個店または特定商業集積（点）や商店街（線）の整備・強化だけではなく，より広い面的（空間的）展開を視野に入れた支援策が必要である。商業の活性化を促すことができる地域に対しては，ハード・ソフト両面から総合的かつ集中的な支援措置を講じていくことが必要である。②魅力的な商業集積づくりのために，望ましい業種ミックスや大型店と中小小売業のミックスといった地域全体のテナントミックスのマネジメントいわゆるタウンマネジメントという手法をとることが重要であり，そのための主体の確立が必要である。③まちづくり，商業集積づくりのコンセプトないしビジョンを策定し実施していく際には，タウンマネジメントをはじめ様々なノウハウを持った専門家の活用・育成が不可欠であり，これらのまちづくりの専門家の育成や招請のための支援の仕組みが重要である。④新たな社会環境に適合した社会インフラの整備，土地利用などに関する諸規制の見直しや運用の弾力化，各種公共施設の立地促進，公共交通機関の整備，ソフト面でのまちづくり支援措置の充実などを行う。

この中間まとめに対して，1997年9月に日本商工会議所は，『中心市街地・商店街活性化のための総合的施策に関する要望』を発表し，中心市街地活性化のためには，大規模な予算措置はもとより，関係省庁が一体となった継続的な対応が不可欠であると提案し，このため，政府として活性化対策を総合的・持

続的に進めることを目的とした中心市街地活性化法を新たに制定すべきであると主張した。

このような中間まとめなどをもとにして，政府は大店法廃止の見返りに中心市街地活性化法は，1998年5月に参議院本会議で可決され，同年6月に公布された。そして，同年7月から施行されたのである。

中心市街地活性化法には，当時の通産省，建設省，自治省など11の省庁が関係しており，1998年度予算に事業費総額1兆円規模の中心市街地振興策が盛り込まれた。

2) 中心市街地活性化法の主な内容と現状

中心市街地活性化法の目的は，第一章第一条に規定されている。そこでは，「都市の中心の市街地が地域の経済及び社会の発展に果す役割の重要性にかんがみ，都市機能の増進及び経済活力の向上を図ることが必要であると認められる中心市街地について，地域における創意工夫を生かしつつ，市街地の整備改善及び商業等の活性化を一体的に推進するための措置を講ずることにより，地域の振興及び秩序ある整備を図り，もって国民生活の向上及び国民経済の健全な発展に寄与することを目的とする」[28]と記されており，まちづくりをこれまで以上に総合的・体系的に推進しようとするものである。また，同法は大規模小売業が郊外に立地されるのに伴い，中心市街地が寂れるのに歯止めを掛けるのが目的であり，そのために，商店街のなかで有力なパワーのある小売店を育て，あわせてハードを整備し中心市街地を活性化しようという考えを全面的に打ち出した。

そして，同法に基づいて各市町村のマスタープランに従って総合的に中心市街地の再開発・運営・管理を行う「まちづくり機関（TMO：Town Management Organization）」が設置されることになった。TMOに認定されるためには，まず「市町村が基本計画を作成し，それに基づいて地元の商工会議所や商工会，第3セクター（株主の2/3以上が中小小売業者などであること）などが活性化構想をまとめる。そして，市町村がそれを認めればTMOと

図表 4-3　中心市街地活性化法における TMO の事業の流れ

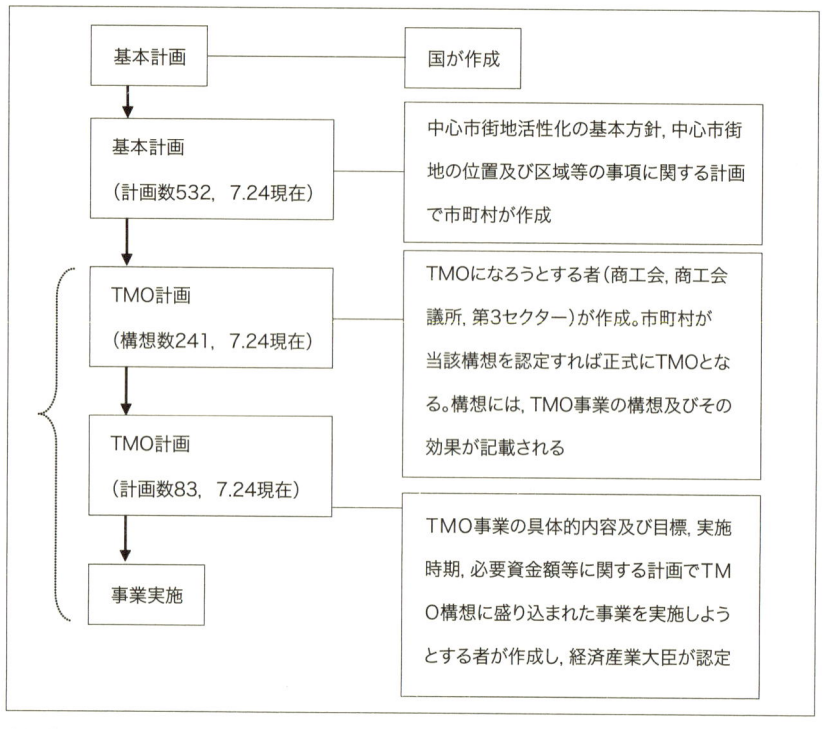

```
基本計画 ─────────────── 国が作成
   ↓
基本計画                  中心市街地活性化の基本方針，中心市街
(計画数532，7.24現在) ─── 地の位置及び区域等の事項に関する計画
   ↓                     で市町村が作成

TMO計画                   TMOになろうとする者(商工会，商工会
(構想数241，7.24現在) ─── 議所，第3セクター)が作成。市町村が
   ↓                     当該構想を認定すれば正式にTMOとな
                         る。構想には，TMO事業の構想及びその
TMO計画                   効果が記載される
(計画数83，7.24現在)
   ↓                     TMO事業の具体的内容及び目標，実施
事業実施 ─────────────── 時期，必要資金額等に関する計画でTM
                         O構想に盛り込まれた事業を実施しよう
                         とする者が作成し，経済産業大臣が認定
```

(出所) 日経 MJ，2002．8．1 より引用。

なる。さらに，その構想の具体的計画（TMO 計画）を国が認めると，TMO は構想段階から補助金など財政面で国の支援を受けられる」[29]（図表 4-3 参照）。TMO は，中心商業地を一つのショッピングモールとして整備し，その上で必要となる商店街などの合意形成や具体的なプロジェクトを運営・管理する役割を担うのである。「支援措置としては，①TMO によるキーテナント誘致のための施設整備，家賃補填などへの支援，②ソフト事業，施設整備事業について，TMO の調整のもとで運営・実施される場合の上乗せ，がある」[30]。

また，どのようなプロジェクトを行うか，どのような機関を設置するかは，市町村それぞれが決定するため，地域ごとの様々な取組みをみることができ

図表 4-4　都道府県別の TMO 認定数

地　域	認定数	地　域	認定数	地　域	認定数
北海道	19	山梨県	2	岡山県	2
青森県	3	静岡県	4	広島県	7
岩手県	13	愛知県	9	山口県	4
宮崎県	5	岐阜県	2	徳島県	0
秋田県	4	三重県	4	香川県	6
山形県	6	富山県	8	愛媛県	4
福島県	12	石川県	3	高知県	2
茨城県	2	福井県	1	福岡県	5
栃木県	5	滋賀県	4	佐賀県	2
群馬県	2	京都府	2	長崎県	4
埼玉県	11	奈良県	1	熊本県	9
千葉県	6	大阪府	2	大分県	0
東京都	5	兵庫県	12	宮崎県	6
神奈川県	8	和歌山県	3	鹿児島県	8
新潟県	8	鳥取県	3	沖縄県	6
長野県	8	島根県	6	合　計	248

(出所) 日経 MJ, 2002. 9. 26 より引用。

る。

　同法が施行されてから4年あまり経過した2002年現在，TMO計画は約250件に達しており，全国的に広がっている。しかし，TMOの取組み姿勢に対する地域間格差は広がるばかりである。

　例えば，「徳島・大分両県は，いまだに認定件数がゼロであり，11府県でも1ないし2に止まっている。しかし，北海道を筆頭に5道県では2ケタに達している」[31]（図表4-4参照）。このように地域間格差がみられる要因としては，長引く経済不況の下でまちづくりの牽引車役となるべき自治体が税収難から緊縮財政を迫られ，資金負担の重い市街地再開発事業に戸惑っているからである。

　また，地権者の合意形成の困難，リーダーシップを持った人材やまちづくり

に詳しい専門家の不足も大きな問題である。

　そして同法は，大規模商業施設が郊外に立地されるのに伴い，中心市街地が衰退するのを防ぐという目的と大店立地法の環境に配慮した駐車場の確保という規制の間で矛盾が生じている。

3．改正都市計画法に関する考察

　1997年6月に都市計画中央審議会は，「都市計画ビジョン」のなかで新しい都市政策の視点として，地方の自主性の尊重，情報公開，まちづくり協議会，都市プランナーなどの活用を打ち出した。そして，同年12月，産業構造審議会流通部会と中小企業政策審議会流通小委員会の合同会議は，中間答申のなかで，都市計画の見直しの必要性が提言された。これを受ける形で，建設省（現在の国土交通省）は都市計画法の改正作業を行った。改正都市計画法は，1998年5月の通常国会で成立し，同年11月に施行されたのである。

　同法では，用途地域を工業地域，商業地域，第1種住居地域など12に分類し，それを補完するものとして文教地区，厚生地区，小売店舗地区，特別業務地区など11の特別用途地区を設けている。

　都市計画法の目的は，第一章第一条に規定されている。そこでは「都市計画内容及びその決定手続，都市計画制限，都市計画事業その他都市計画に関し必要な事項を定めることにより，都市の健全な発展と秩序ある整備を図り，それによって，国土の均衡ある発展と公共福祉の増進に寄与することを目的とする」[32]と記されている。その目的を達成するために，都市計画法のなかでは都市計画法の施行されている地域内では用途地域の指定をしている。さらにその上塗りになるような形で，特別用途地区の指定という2つの用途地域の指定を行っている。

　改正都市計画法のポイントは，2つ目の特別用途地域の指定を法律で規定せず，市町村に権限を与え市町村で設定できるようにしたことである。特別用途地域の指定で大型店をどのように規制するかというと，その中で仮にある地域を中小小売店舗地区と指定する。そうすると，その地域には中小小売店を集

積・展開する町並みを形成するため，大型店の出店を制限することができる。あるいは特別住宅地域という指定をし，その地域では良い住環境を維持するため，大型店の設置を一切認めないという規制もできる。逆に郊外に大型店小売業地域を設定すれば，そこに大型小売店を集結し，旧市街地の商業施設の町並みを守ることもできる[33]。そして，改正都市計画法は，地方レベルの都市計画マスタープランを法定化する役割をもつ。現行の都市計画法では，市町村レベルの都市計画マスタープランはあっても，都道府県レベルの都市計画マスタープランは位置づけられていない。このため，都道府県レベルの都市計画マスタープランを法定化し，都道府県の定める都市計画をこれに則して決めることを規定している。制度の考え方として，開発行為や建築行為を規制する必要がある区域については都市計画に準ずる区域として指定し，必要な都市計画を柔軟に決定できる仕組みを創設することを認めている。また，都市計画区域外における開発に関しては，開発行為自体に市街地としての最低水準を求めることにより，都市の健全な発展を確保するために，都道府県知事の許可を求めるようにも規定されている。特に，ショッピングセンターやアミューズメント施設などは，建築物単体で都市の構造あるいは発展方向に影響を与えることが考えられる。こうした開発についても，都道府県知事への届出を義務づけることにしている。

　地方都市の市街地は，郊外の開発や人口減少，高齢化などの影響により，その空洞化が懸念されているが，近年，地元関係者が連携し自力で市街地再生を目指す動きが出始めている。例えば，「長野県飯田市では，中心市街地である橋南第2地区を再活性化するため，住宅に商業施設，美術館を併設する複合ビルを建設し，『まちなか居住』を促した。そして福井市は，中心市街地に投資を導くため，税制を活用している。もし，中心市街地活性化法が定める計画の対象区域で新築・増改築する大規模建物に対して固定資産税の減税をし，商業施設やマンション，オフィスなどの大型投資を促している」[34]。そして，同法の規制を強化することで市街地の活性化を狙う地域もある。「新潟県加茂市は，郊外に立地する大型店との競争で中心市街地の商店街が大きな打撃を受

図表4-5　中心市街地活性化と「まちづくり3法」

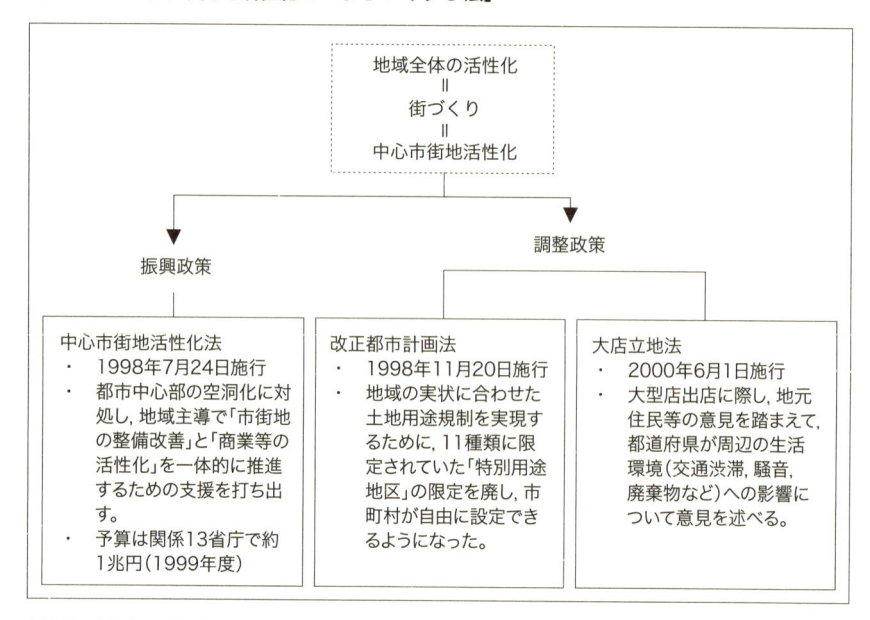

```
                    地域全体の活性化
                          ‖
                        街づくり
                          ‖
                    中心市街地活性化
              ┌───────────┴───────────┐
          振興政策                    調整政策
```

中心市街地活性化法	改正都市計画法	大店立地法
・1998年7月24日施行 ・都市中心部の空洞化に対処し，地域主導で「市街地の整備改善」と「商業等の活性化」を一体的に推進するための支援を打ち出す。 ・予算は関係13省庁で約1兆円（1999年度）	・1998年11月20日施行 ・地域の実状に合わせた土地用途規制を実現するために，11種類に限定されていた「特別用途地区」の限定を廃し，市町村が自由に設定できるようになった。	・2000年6月1日施行 ・大型店出店に際し，地元住民等の意見を踏まえて，都道府県が周辺の生活環境（交通渋滞，騒音，廃棄物など）への影響について意見を述べる。

（出所）舟橋稜乃「本格化した地域主体のまちづくり」『ジェトロセンサー』第49巻第583号，日本貿易振興会，1999．6．44頁から引用。

けた。そこで，新たに条例を制定し土地利用規制を導入することによって，大型店の郊外進出を抑制しているが，逆に，埼玉県は都市計画法の規制基準を緩和することによって地域振興を計っている[35]。このように自治体は，市街地を活性化するため，規制緩和を行っている地域が多く存在している。しかし，大部分の地方都市は，活用できる資源が限られているため，もし都市計画法の規制を緩和し市街地の開発を行う場合，その開発を適切に管理しないと都市全体の無秩序な開発につながる可能性が高い。したがって，地方自治体は規制の適切な運用と福井市のような税制を生かした市場メカニズムを活用するなど，自治体の自助努力が求められている。

　流通政策は，大きく振興政策と調整政策に分かれる。「何等かの経済主体の活動を支援し，その競争力を強化しようとするのが振興政策であり，経済主体

の活動を抑制的に調整するのが調整政策である。中小小売商業振興法やこれに基づいて展開された流通近代化あるいは高度化事業は典型的な振興政策であるのに対して，百貨店法，大店法さらには，小売商業調整特別措置法などは調整政策を代表するものであった」[36]。この分類に照らしてみれば，中心市街地活性化法は振興政策であり，改正都市計画法と大店立地法は調整政策である。

大店法の廃止によって，調整政策は「競争の強度の調整から競争の土俵の調整へと大きく転換させることとなった。改正都市計画法も大店立地法も，競争の土俵をどのように設定するかという観点から出店調整を行う。改正都市計画法では，土地利用のあり方に照らして大型店の立地の適否を検討し，大店立地法では立地が適切であると判断されることを前提として周辺の生活環境に与える影響をチェックする」[37]。このように，「まちづくり3法」をうまく組み合わせ使うことにより，安全性，快適性，便宜性などを配慮したまちづくりが期待される一方，環境基準の導入によるコストの上昇で新規出店が困難になるという声もある。いずれにしても，「まちづくり3法」の下で小売業は，中小零細小売業に限らず，大規模小売業もまた新たな商業集積間の競争に直面することになった。小売産業は地域密着性が強い産業であるため，顧客との長い付き合いに示されるような企業の行動が，重要な参入障壁を形成するのであり，このことは，顧客を地域住民や消費者に置きかえると，地域社会に貢献し，その地域に住んでいる企業として，地域と共に企業活動をすることが望まれる。つまり，政策の基本方針ともいえる地域社会と調和を図り，まちづくりに貢献し，地域全体の住民のニーズに応えることによって，よりよい競争がもたらされ，小売産業が発展されることが期待される。

日本においてまちづくりという概念は，都市計画や都市基盤の整備などに用いられていた。しかし，その概念のなかに小売業・地域商業の活性化の意義を取り入れたのは，おそらく1980年代後半であり，1990年代に入ってからこの概念が定着したと考えられる。

1998年，大店法の廃止，大店立地法の成立によって，中小零細小売業は保護政策の対象から調整政策の対象へと移り変わったのである。つまり，中小零

細小売業を単に保護・育成するのではなく，小売業と地域住民を一体とし中・長期的視点に立つ地域経済全般の発展を視野に入れた「まちづくり」へと変わったのである。しかし，問題は「まちづくり」に詳しい人材や専門家が少なく，その概念や取組みがよく分かっていないことである。

4.「まちづくり3法」の改正
1)「まちづくり3法」改正の経緯

　「まちづくり3法」が揃って施行された2000年6月以降，郊外の行きすぎた開発に伴って大規模小売業が郊外に集中して出店したことによって，地方都市における中心市街地の空洞化・衰退は深刻な問題となった。そこで，2004年9月，総務省行政評価局が「中心市街地の活性化が図られると認められる市町村は少ない」[38]と厳しく評価し，「まちづくり3法」特に中心市街地活性化法の見直しを促した。また，2005年7月に発表された「『小売店舗等に関する世論調査』(全国3千人の面接調査)によると，51%の回答者が『もう新しい大型店は必要ない』と答えている。『消費者は大型店歓迎派』というこれまでの通説をひっくり返す回答であった。同じ調査で『今後のまちづくりの方向性』をたずねているが，『中心部の賑わいの維持・回復』を挙げた回答者が33.4%もいた。『郊外を中心に開発，発展させるべき』の回答14.3%の2倍以上である。また，60.4%が『大型店の出店規制が必要』と考えており，『必要ない』の3倍を上回る回答率であった」[39]。このように，大規模小売業と中心市街地に対する市民の見方が大きく変化したのである。よって，政府は中心市街地の崩壊に歯止めを掛け，中心市街地の機能を回復させるために「まちづくり3法」の見直しに乗り出したのである。

　産業構造審議会と社会資本整備協議会は，2006年通常国会への改正案提出を目指して議論を進めた。また，これとは別に自民党は，中心市街地再活性化調査会を設け，独自に「まちづくり3法」に関する中間報告書を提出した。そこには，「大型商業施設の郊外への出店規制や，病院や福祉施設の立地を許可制に変更することなどが柱」[40]となっていた。これは，人口減少や高齢化が

進行しているなか，中心市街地内に都市機能を集約することで，中心市街地の住民を増やし地域の伝統文化やコミュニティを活性化し賑わいを創出することが狙いである。

そして，「まちづくり3法」の見直し機関である社会資本整備審議会の中心市街地再生小委員会と国土交通省の専門委員会は，それぞれ2005年10月25日，11月2日に報告書を提出した。それは，今後の人口減少・超高齢化社会の到来やモータリゼーションの進展を踏まえ，大規模小売業施設を含めた広域都市機能を適正に誘導すると共に，病院，役所，学校などの公共福祉施設も新たに開発許可対象に加えるという内容であった。そして，「都市計画制度として，住民，地権者，民間事業者，消費者など幅広い主体が無差別に参画できる社会的意思決定プロセスが必要」[41] であると強調した。

これを踏まえ，第164回国会に中心市街地活性化法と改正都市計画法の一部を改正する法律が提出され，改正都市計画法の改正案（以下，再改正都市計画法とする）は平成18年（2006）5月24日に成立し，同月31日に公布された。また，中心市街地活性化法の改正案（正式名称「中心市街地の活性化に関する法律」，以下では，改正中心市街地活性化法とする）は同年5月31日に成立し，6月7日に公布された。

2)「まちづくり3法」改正案の主な内容と問題点

今回の改正では，高齢化・少子化に伴う人口減少社会の到来に合わせたコンパクトなまちづくりを目指すために「まちづくり3法」のうち，中心市街地活性化法と改正都市計画法の2つを一部改めた。

改正案のポイントは，次の通りである。

改正中心市街地活性化法のポイント：
　①首相を本部長とする「中心市街地活性化本部」を設置
　②政府の支援の方針が「選択と集中」に転換，まちづくりに積極的な自治体には手厚い支援
　③地域住民などが参加する「中心市街地活性化協議会」を設置

再改正都市計画法のポイント：
　①規制対象を大規模商業施設だけではなく，劇場，飲食店，病院，役所，学校などに拡大
　②延床面積1万㎡の郊外の大規模商業施設の出店禁止
　③用途規制（ゾーニング）の強化と広域規制の導入
　④市町村のまちづくりで都道府県知事が周辺市町村から意見聴取

　改正中心市街地活性化法の目的（第一章第一条）は，「中心市街地が地域の経済及び社会の発展に果たす役割の重要性にかんがみ，近年における急速な少子高齢化の進展，消費生活の変化等の社会経済情勢の変化に対応して，中心市街地における都市機能の増進及び経済活力の向上（以下「中心市街地の活性化」という。）を総合的かつ一体的に推進するため，中心市街地の活性化に関し，基本理念，政府による基本方針の策定，市町村による基本計画の作成及びその内閣総理大臣による認定，当該認定を受けた基本計画に基づく事業に対する特別の措置，中心市街地活性化本部の設置等について定め，もって地域の振興及び秩序ある整備を図り，国民生活の向上及び国民経済の健全な発展に寄与すること」[42]である。改正前の法律の目的では「地域における創意工夫を生かしつつ」と，地域の独自性を生かしながら中心市街地の活性化を目指した。しかし，実際には「まちづくり3法」間の有効的な連携がとれず，大規模小売業の郊外への出店規制も地域差が明確となり，全体的に均衡がとれた中心市街地の開発が行われていなかった。

　改正中心市街地活性化法では，これを反省し中心市街地活性化を「総合的かつ一体的に推進するため」と明記し，中心市街地活性化本部を設置すると共に，住民の意見をまちづくりに反映するため中心市街地活性化協議会も設置される。また，自治体は，中心市街地活性化本部が作成した基本方針に従って，基本計画を作成し本部長である首相に提出，認定を受けるという制度を整備した。これによって計画が認定されると，政府から財政支援はもちろんのこと，税制優遇という手厚い支援が受けられる。しかし，このような政府の「選択と集中」という支援は，高齢化や過疎化が進行している地方都市の問題にまで目

が行き届いているとは言い難い。表現通り，やる気がある自治体を選択して支援していく可能性が高く，今後都市の2極化が予想される。

　また，改正中心市街地活性化法のもとでは，商工会議所，行政，地権者などで中心市街地活性協議会が設置される。これによって，今日まで中心市街地活性化の主役であったTMOから協議会にその役割が移ったのである。全国で412（2006年6月）ヶ所にあるTMO[43]のうち「七割は各地の商工会議所・商工会が担っており，新制度には比較的順応しやすいとみられるが，問題は三セクなど独立の組織が運営してきた残り約百二十のTMO」[44]は置き去りにされている。

　一方，大規模小売業に対しては特例措置として，過去に大規模小売業が出店していた空き店舗に再進出する場合は，大店立地法の手続きを省略できるようにした。今後，大規模小売業による中心市街地，特に地方都市での出店予定地をめぐる競争が激しくなるものと予想される。

　また，再改正都市計画法では，延床面積1万㎡以上の大規模小売業施設に対しては，郊外出店が原則禁止された。具体的には，都市計画区域および準都市計画区域内の用途地域の指定のない地域にも規制が可能とする「非線引き白地地域」などにおける立地規制を強化した。一方で，自然環境を保全し将来における都市の一体的な整備，開発に支障が生じないように「準都市計画区域制度」の見直しを行った。これによって，農地に関する規制がより厳しくなったのである。そして，郊外の開発が大型化したことで，周辺の市町村の境界をめぐって多発した問題に対応するために20ha以上の大規模な開発を禁止する目的で「大規模計画開発に係る許可基準」を廃止した[45]。よって，大規模小売業が出店可能な地域は，市街化区域の「近隣商業地域」，「商業地域」，「準工業地域」だけとなったのである。

　このように，改正都市計画法が再改正されたことで，大規模小売業の規制強化時代が再び到来したのである。これに対して，大規模小売業は大店法が制定された当時のことを教訓に，1万㎡を下回る店舗の展開に意欲的である。日本経済新聞社の「まちづくり3法」改正後の対応について行った調査によると，

「『1万平方メートルギリギリの店舗を出す』との答えが最も多く，過半数の二十二社に達した。法改正に対応した面積が狭い新型店舗を検討しているか，すでに出店を開始した企業も十五社（三五％）。『都市の小商圏に対応した小型店を設ける』と回答したのは十一社（二六％）」[46)]である。今後，中心市街地における同・異業態間の過当競争が予想されるなか，地域間の地価・賃料の格差は一層広がるだろう。この状況では，中心市街地の住民を増やし，賑わいを創造するのは当面難しい。

「改正まちづくり3法」をもって，大規模小売業や公共福祉文化施設の郊外立地を規制して「まち」のなかに都市機能を集中させたとしても，「誰のために」という前提で均衡がとれた開発にしなければ，「まち」はかえって煩雑となり，その魅力を失うことになるだろう。この辺で，真のまちづくりとは何かをもう一度考える必要がある。

3節　問題提起：日仏の比較分析

日本においてバブル経済期に欧米諸国との貿易摩擦を引き起こし，これに関連して，日本の流通構造に関する批判が強まり，規制緩和の動きが表面化した。そして，1989年から1990年にかけて行われた日米構造協議によって大店法が緩和されたのである。経済状態が悪い時には大規模小売業の規制を強化するのが一般的であったが，近年では経済不況と大規模小売業の規制緩和が同時に進行し，それと共に従来の法制度では解決できない環境問題が表面化した。それを受けて，大規模小売業の立地を環境問題やまちづくりへの対応という視点から調整する大店立地法が1998年5月に制定されることになった。新しく制定された大店立地法は，従来の大店法のように中小小売業を保護するものではなく，地域社会の環境を保全するためのもので，大店法とは全く目的が違っている。よって，大店立地法のなかには，中小小売業の支援・指導策は盛り込まれていない。そして，大店法廃止の見返りとして制定された中心市街地活性化法は，大規模商業施設が郊外に立地されることに伴い，中心市街地の衰

退に歯止めを掛けるのが目的である。また同法によると，TMO（タウン・マネジメント機関）が各種の支援を行うことで活性化を図る。具体的には，中心商業地を一つのショッピングモールとして整備し，さらにその運営・管理をするには，商店街などの合意形成や具体的なプロジェクトを整える必要がある。そこで，その主体としてTMOを指定し，支援する。支援措置としては，TMOによるキーテナント誘致のための施設整備，家賃補填等への支援などがある。どのようなプロジェクトを行うか，どのような機関を設置するかは，市町村が独自のマスタープランによって決定する。このように，商店街全体を活性化させることが個店レベルの発展につながるという発想であると推測できるが，その成果は乏しいのである。その理由は，中心市街地活性化のための専門人材や組織が整備されていないからである。このことは，急を要する課題であると考える。

これに対して，フランスにおける中小小売業の支援策は多岐にわたる種々の創業支援機関が取り組んでおり，創業前から創業後の数年間にわたり個別経営指導・支援を行っている。筆者が3章で実証したように「起業」→「企業」へと発展させるという強い意志が見受けられる。

ともあれ，日本においては外部の圧力によって規制緩和されたが，逆にフランスでは雇用の問題，環境保護及び都市計画の質的な向上，商業施設の近代化などの観点から大規模小売業の規制を強化している。しかし，商業はまちの核であり，その活性化はまちの賑わいを創出する。一方，商業の衰退はまちづくりに深刻な問題を生じさせる。

したがって，日本とフランスにおいては正反対の規制政策が取られているにもかかわらず，環境問題や都市計画の質的向上という新たな問題に関する意識においては共通している。

このことに関して，日本では「まちづくり3法」をうまく組み合わせて使うことにより，安全性・快適性・便宜性などが期待されたが，今日では3つの法が総合的に機能しておらず，期待された成果は現れなかった。そこで，2006年5月「まちづくり3法」の改正が成立され，フランスのように商業以

外の公共福祉文化施設も規制対象に含めた改正案を策定した。しかし，今回の改正案においても小売商業調整の性格が強く，経済的合理性が強調されているとみられる。今後は，フランスのように商業だけでなくまちがもつ機能全般を配慮し，総合的な観点からまちづくり＝都市計画を進めることが期待される。

　日本における取組みがフランスと対照的な理由として，両国の行政構造の違いを挙げることができる。日本の行政構造は，関連諸官庁・部局間の関係が円滑ではなく，また中央の諸官庁は地方自治体のそれぞれの関連部門に指揮命令を与えるという役割が固定化されている。したがって，商業振興を含んだまちづくりのような総合的な施策を形成し執行することが必要な場合でも各部門の調整が難しく，フランスのような機動的な対応が困難であると思われる。また，日本においては住民の声を反映させていくための公聴会や住民説明会などの制度が不十分である。今後は，住民側も意識を高めて，商店街の活性化やまちづくりに参加していく必要がある。

注

1) 波形克彦『大店法廃止影響と対応』経営情報出版社，1998, 22頁。
2) 『フランスの統計資料2005』在日フランス大使館 Homepage（www.ambaFrance-jp.org, 2005年5月1日検索。）46～50頁を参考にした。
3) 今日まで日本ではフランスの小売商業政策として，「ロワイエ法」，「ラファラン法」などの大規模小売業の調整政策が多く紹介されてきた。しかし，小零細小売業を含む中小企業の支援策についてはあまり紹介されていない。そこで，筆者は2004年5月に国民金融公庫総合研究所から刊行された『調査月報』の「フランスの創業支援策」の論文を参考に，2005年1月フランスでのヒアリング調査を兼ねたその関連資料を収集した。ここでは，主に『調査月報』を中心にINSEEの報告書を加えながら考察する。なお，www.apce.comに掲載されている。
4) *Les chiffres-clés des TPE*, Études et Statistiques, Ministère de l'Économie et des Finances, Édition 2003, p. 3.
5) http://www.apce.com　6月15日検索，参考にした。
6) http://www.entreprendre-en-france.fr　6月15日検索，参考にした。
7) http://www.boutiques-de-gestion.com　6月15日検索，参考にした。
8) http://www.insee.fr/fr/home/home_page.asp　6月15日検索，参考にした。

9) 前掲報告書，84〜86頁を参考にした。
10) 廉売百貨店とは，売場面積400㎡から2,500㎡で売上の1/3から2/3は食品で占めるが，大量の消費財を広く浅い品揃えで，セルフサービス方式で提供する小売業態である。この出発点は，1879年アメリカで始まったといわれている。アメリカではバラエティ・ストアと呼ばれ，チェーン方式を採用した。このチェーン方式で一括仕入を可能とし，大量販売を実現させた。フランスでは，百貨店によって移入されたが，最初は1928年にヌベール・ギャラリとプランタンが共同したユニプリ（Uniprix）であった。これは，多くの顧客を引き寄せ，1934年には126店を数えた。（白石善章・田中道雄・栗田真樹編『現代フランスの流通と社会』ミネルヴァ書房，2003，31頁。）
11) 白石善章・田中道雄・栗田真樹編，上掲書，21〜22頁を参考にした。
12) 相原修「フランスにおける大型店規制政策の変遷」『経済学部論集』第32巻第1号，成蹊大学経済学部学会，2001.10，122頁。
13) 相原修，上掲論文，126〜127頁を参考にした。
14) 矢作敏行『欧州の小売りイノベーション』白桃書房，2000，65頁を参考にした。
15) 相原修，前掲論文，129頁。
16) 矢作敏行，前掲書，65頁。
17) "Réforme du droit de la concurrence", L'Usine Nouvelle, N2574.12 décembre 1996, p. 75 と野松敏雄「フランスの大規模小売店舗立地規制——ラファラン法——」『地域経済』第23集，岐阜経済大学地域経済研究所，2004.3を参考にした。
18) 矢作敏行，前掲書，68頁。
19) 田口冬樹『体系流通論』白桃書房，2001，342頁。
20) 丸田敬「カウントダウン大店立地法」『Chain Store Age』ダイヤモンド社，1999．11，24頁。
21) 田口冬樹，前掲書，344頁。
22) 日経流通新聞編『流通経済の手引き2000』日本経済新聞社，1999，69頁。
23) 日経流通新聞，2002．8．27
24) 日本経済新聞，2002．11．8
25) 上掲記事，2002．11．8
26) 加藤義忠「都市計画法の改正と中心市街地活性化法の制定」『商学論集』関西大学商学会，1999．6，73〜83頁を参考にしたものである。
27) 加藤義忠，上掲論文，75頁。
28) 通商産業省産業政策局中心市街地活性化室編『中心市街地活性化法の解説』通商産業調査会出版部，1998，3頁。
29) 日経MJ，2002．8．1
30) 丸田敬，前掲論文，25頁。
31) 日経MJ，2002．9．26
32) 「都市計画関連情報」www.homepage2.nifty.com　5月7日検索，参考にした。

33) 波形克彦, 前掲書, 42〜45頁を参考にしたものである。
34) 日本経済新聞, 2002. 6. 29
35) 上掲記事, 2002. 6. 29
36) 石原武政『まちづくりの中の小売業』有斐閣, 2000, 211頁。
37) 石原武政, 上掲書, 213頁。
38) 日本経済新聞, 2006. 6. 5
39) 矢作弘・瀬田史彦編『中心市街地活性化三法改正とまちづくり』学芸出版社, 2006, 15頁。
40) 日経MJ, 2005. 10. 31
41) 日経MJ, 2005. 11. 4
42) 都市計画・中心市街地活性化法制研究会編『解説 まちづくり三法の見直し 都市計画法・中心市街地活性化法の改正』ぎょうせい, 2006, 160頁。
43) 矢作弘・瀬田史彦編, 前掲書, 2006, 28頁。
44) 日本経済新聞, 2006. 6. 5
45) 都市計画・中心市街地活性化法制研究会編, 前掲書, 9〜15頁を参考にした。
46) 日本経済新聞社, 2006. 5. 3

5章　「まち」の捉え方からみる商店街の問題

大店法の廃止・規制緩和＝競争促進の名のもとに，過去の高度成長期にみられた近代化＝合理化路線が復活するなかで，それに対抗する形で，小零細小売業者の活性化の動きも広がっている。今日では，「まちづくり」という言葉は，商店街の整備や活性化を考える際には不可欠なキーワードとなっているといって良いだろう。しかもその言葉は商業者だけでなく，一般の消費者や行政関係者にも新しい将来ビジョンを暗示する響きをもっている。しかし，「まちづくり」とは何かと問われると，その解答は乏しいであろう。それは，将来の方向を漠然と示すものに止まっており，その理論的・思想的な検討と体系化は著しく立ち遅れているからである。

　したがって，本章におけるまちづくりとは，小零細小売業の育成・保護を考えるだけの手法ではなく，地域社会の豊かな生活を支えるより積極的な主体として位置づける。また，商業はまちの核であり，その活性化はまちの賑わいを創出する。一方，商業の衰退はまちづくりに深刻な問題を生じさせる。よって，商業振興という立場からのまちづくりは現代的かつ急を要する課題であると思われる。

　以下では，まず「まち」の概念について考察すると共に，商店街と「まち」の関係をみながら，今日注目される商店街のコミュニティ機能のなかに情報収集・伝達の機能が果たされていないことについて指摘する。また，今日における商店街の問題について考察し，個を活かしながら全体としての商店街の活性化を図るという取組みへの転換の必要性について強調する。

　なお，商店街は様々な業種・業態によって構成されており，その規模もそれぞれ異なる。よって，ここでは考察対象を小零細小売業だけに限定せず，中小小売業という視角から個店を論じてゆく。

1節　「まち」における商店街の位置づけ

　日本においてまちづくりという用語が使われるようになったのは，1980年代からである。田村明教授によると，「日本は一九六〇年の所得倍増計画から

高度成長を遂げたが，地域は激変の波に洗われた。一九七三年以来二度のオイルショックを経て，ようやく地域らしさを取り戻そうとして七〇年代末から八〇年代へかけて『むらおこし』『島おこし』『まちづくり』などという言葉が，各地で語られるようになった」1)。この時期のまちづくりは周辺環境を整備・保存し，人が住みやすい地域を造成するという都市計画や都市基盤の整備が中心となるものであった。

　しかし，この概念のなかに中小小売業，とりわけ地域商業の活性化の意義を包括したのは，おそらく1980年代後半からであろう。その根拠は，1980年代大規模小売業との紛争が激化するにつれ，規制強化を図ったにもかかわらず，大型店問題が深刻化したことや1989年日米構造協議を契機に規制緩和の気運が高まったことで，その調整策と振興策の対象を個店から商店街へと変化させようとした動向から推測することができる。斎藤忠志教授は「1983年，産業構造審議会流通部会と中小企業政策審議会流通小委員会の合同会議により，『80年代の流通産業ビジョン』が取りまとめられた。ここでは，時代環境の認識として，2度のオイルショックを経て，日本の経済が成熟期に達したとし，これまでの『生産の時代』の流通ビジョンから消費者，生活者，生活環境，生活の総合的充実感の達成が追及される『文化の時代』に合わせた流通ビジョンが必要になったとしている。流通政策の基本的方向として，新業態のガイドポストの提示，街づくり支援のための『コミュニティ・マート構想』の推進，製品輸入の拡大などが取り上げられている」2)と述べた。そして，政府は『90年代の流通ビジョン』のなかで，「商店街が歴史的に果たしてきた機能を踏まえて，意欲ある中小小売業を結集して，商店街を単なる買物の場から地域の人々が生活上必要なさまざまなニーズを充たすために集い，交流する『暮らしの広場』（コミュニティマート）へと，その社会的・文化的機能を高めていくことが必要である」3)と唱えたのである。このように，日本における小売流通業の発展の流れを考えた時，大規模小売業と中小小売業との摩擦が頂点に達し，大規模小売業の経営問題も表面化した1979年から1981年に一つの屈折点があったと考えられる。そして，1960年代の高度経済成長期の残照の続く

1970年代後半は，過当競争と摩擦の時代，1980年代前半は構造調整の時代と呼ぶことができよう。さらに，1990年代に入って規制緩和に伴い，商業を中心としたまちづくりが強調されたのである。

『21世紀に向けた流通ビジョン』では，商業を「まち」の核として位置づけ，商業に期待される役割として10項目をあげた。そのなかで，特に①高齢化社会等への対応，②環境問題，景観保全への対応，③地域の伝統文化の保持・振興，④新たな技術に対応した地域社会の情報提供の場としての役割，⑤災害への機動的な対応[4]，などは商店街に求められる役割である。

このように，政府には商業の経済的機能を主としながら，その付属機能，つまりコミュニティ機能を中心に商店街の活性化を目指すという思惑が見受けられる。

ここでは，「まち」を定義づけるとともに，商店街の定義の推移について考察しながら，商店街と「まち」の関係について述べる。そのうえで，商店街におけるコミュニティ機能の問題について指摘する。

1.「まち」の概念

5章の冒頭で述べたように，近年，日本では「まちづくり」という表現が広まっているが，ひらがなの「まち」に関する明確な定義は見当たらないのである。事実，つい最近までは漢字を用いた「街づくり」，「町づくり」という表現が使われていた。ここでは，ひらがなの「まち」とは何かについて考察する。

今日，日本の行政区域としての「市」は，都市だと考えることもできる。2006年10月現在，日本では，東京都の23区を一つの市と見なすと合計779の市がある[5]。市の方が都市らしい名前なので町から市に変わりたがる行政区域は多い。

『地方自治法』第二編 第一章 第八条「市及び町の要件・市町村相互間の変更」において「市」となるべき普通地方公共団体の規定をみると，「一．人口五万人以上を有すること。二．当該普通地方公共団体の中心の市街地を形成している区域内に在る戸数が，全戸数の六割以上であること。三．商工業その他

の都市的業態に従事する者及びその者と同一世帯に属する者の数が，全人口の六割以上であること。四．前各号に定めるものの外，当該都道府県の条例で定める都市的施設その他の都市としての要件を具えていること」[6]であると定めている。しかし，全国的に中心市街地の空洞化が進行している現在，第2の条件を満たす市は少ないだろう。つまり，法律で定めた都市としての市の定義と現実の市の実態が大きく異なっていることが予想される。

　このことから，行政的な区域や法律で定めた区域は，都市というにはあまりに漠然とした区域で「街」や「町」といったものとは異質に感じられる。

　そこで，日本語の意味を通して「都市」，「街」，「町」の意味を考察する。講談社の『類語大辞典』によれば，「都市は商業・文化の中心地で人口の多い地。町は，人が多く集まっている地域。街は，商店などが密集し，人が多く集まる地域」[7]と記す。また，武部良明の『漢字の用法』によると，「街」は店などが道に沿って並んでいる所（Street）で，「町」は人の住む家が集まっている所（Town）と明快に定義している。それでは，英語のTownとStreetの意味をみると，Streetは通り，街路，街という意味で町中の通例両側に建物が立ち並んだ道をいい，歩道，車道の両方を含む[8]と説明されていて，日本語の商店街は「a shopping street」と表す。一方，Townは町，都会，都市という意味で，village（村）より大きくcity（市）より小さい[9]ところであると説明し，アメリカにおいて人口1万人以下の小都市は「a small town」と表記されると補助的な説明が付け加えられている。また，「都会」を意味するTownのなかには，商業地区，繁華街の意味が含まれていると述べている。つまり，TownはStreetの上位概念である。

　したがって，ここでは人が密集して住む場所を「町」であると定義し，「街」は道の両側に商店が密集しており，人々の往来が多い場所とする。よって，この2つの「町」と「街」は両方ともひらがなの「まち」と読まれることから，「まち」は両方の意味を包括していると見なし，人が密集して住み，働き，遊ぶことによっていつも人々が集う場所と定義づける。すなわち，「まち」とは小さい都市と見なすことができよう。都市という文字は，都（ミヤコ）と市

(イチ)の2文字で構成されており,都は政治・文化,市は商業を表している。要するに,「まち」は政治・文化・商業を媒介にして人々が日常生活を送る場所である。最近では,公共交通を利用した徒歩での日常生活ができるコンパクトな市街地整備が注目されている。

2.「まち」と商店街の関係

「小売業の立地においてはいつの時代,どこの国にとっても集積する傾向がある。こうした集積を日本では,商店街と呼び,欧米ではAgglomeration・集積という概念で捉えられている。小売店が集積する理由としては,多様な業種・業態の店舗が集まることによって売場面積の合計は拡大し,消費者にとってワンストップショッピングが可能となり,買物地域としての魅力度が高まるからである。こうした小売店の集積は,都市ないし街を構成する主要な施設の一つ」[10]であると今日まで見なされてきた。しかし,商店街に関する定義の変遷について考察すると,商店街は一施設の範囲を超えた機能を果たしていることが明確である。今日,強調されている商店街のコミュニティ機能の観点から商店街に関する定義の推移について考察する。

日本において最初に商店街のコミュニティ機能について言及したのは谷口吉彦教授である。谷口教授は,商店街を社会経済学の一部門として捉え,社会的機能について提案したのである。教授は,商店街を都市の一定地域を占有して独立専門店を中心にあらゆる買出し品の小売市場を形成するもの[11]であると定義した。そして,商店街の動向について「専門化傾向」,「現代化傾向」,「集中化傾向」,「純商化傾向」,「慰安化傾向」[12]が強まると分析したのである。特に,注目すべきところは「慰安化」に関する見解である。すなわち,「現代都市住民の主要部分を構成する俸給生活者および勞働階級は,その生産生活において,不安にして不快なるビジネスを強制されつゝあるから,人生の愉樂は之を全く消費生活に求めねばならず,従つて消費生活の一部としての買物は,現代人にとつては一つの慰安または享樂である。ビジネスに疲れた心身をもつて,更にビジネスとしての買物をなさねばならぬことは,現代人には一つ

の苦痛である。そこでせめて買物だけは，散策氣分で安樂に享樂したいのは，必然の要求である。百貨店があらゆる慰安設備に心を砕くのも同じ理由である」[13]。これこそ，現代商店街にも求められるコミュニティ機能といえよう。

また，戦前，「商工省の委嘱による商店街調査においては，『商店街とは物品小売業を主とする各種商店密集し，往来遊歩の行人滋く，通行人，商況，照明其の他に於て截然他の区域と区別せらるる街区を謂う，依て，商店街地域及境界に付ては商工会議所に於て之を認定すること』」[14]と規定した。

以上のように，戦前における商店街の定義は，「街」に基づいており，描写的ではあるが，経済機能としての流通経済だけではなく，コミュニティ機能としての娯楽化，遊歩化といった社会的機能についても提言している。

1950年代に入って，再び「百貨店問題」が注目されるなか，スーパーが急成長を遂げたことで，1970年代には新たに「大型店問題」が浮上した。この問題は，全国の商店街に大きな影響を与えた。また，1980年代後半，規制緩和が進行するにつれ，「大型店問題」はより一層激化するとともに，商店街の空き店舗問題が表面化したのである。この動向のなかで，商店街に関する研究では，商店街の流通経済的機能のみならず，社会的機能が強調されるようになった。これは，上述した政府の取組みに影響を及ぼしたとみられる。その代表的な研究者としては鈴木安昭教授があげられよう。

鈴木教授は，商店街を多面的にアプローチし，究明しようとした。商店街は「第1に流通機構の一部を構成する小売業の地域的な構成単位であり，そこには小売業の経営体が存立している。第2には都市施設の一部であるという側面があり，都市の成長あるいは衰退などその変化にともなって都市の構造の変化，都市地域の用途の変化が起り，それらが小売業の地域構造と相互に関連する。第3に市民生活の福祉にとっても重要な関係があり，消費生活にとって必要な商品の購入有効性，便宜性に商店街のあり方が関連するばかりか，とくに中心商店街の場合には，他の都市機能と関連しながら，市民生活にとって消費財の供給所・販売所以上の意味をもっており，たとえば買物を含めて休日の数時間を過す場なのである」[15]と規定した。すなわち，鈴木教授は，都市の一

部として商店街を憩いの場と位置づけたのである。

　また，森淳一教授は，「小売商業は単に物品販売の場としてではなく，商業施設として街並みを形成し，街の中心となっている。そこで果されている商業機能は都市の重要な機能である。『売り買いの市』から都市が成立したように，商業機能は都市が都市たるべき基本的機能である。そして人々が商品を媒介にして『つどいあい』，多様なコミュニケーションを行なってきたコミュニティであった。つまり，物の価値と結びついた情報交流が生れ商業文化が栄えたのである」[16]と指摘した。要するに，森教授は商店街を商業文化の発祥地として評価し，まさに都市や地域を代表する「顔」であり「イメージ」であり，生活文化を反映する場所として認識したのである。この見解は，商店街を伝統文化の保持・継承者として見なし，社会的機能のなかでも文化的機能を遂行することで，その地域の独自性が守られると唱えたのである。これは，商店街を憩いの場として規定した鈴木教授の見解をより発展させた定義であり，『21世紀に向けた流通ビジョン』にも反映されたとみられる。さらに，田中道雄教授は「過去，商業に関する文化は商店街から生まれてきた。大阪のミナミや東京の銀座に代表されるように，新たな文化や風俗は商店街から生まれ育ってきた。それは，古くから商店街が単なる買物空間としてのみ存在していたのではなく，イメージ誘発性を内蔵した情報中心地としての役割をも果たしてきたからにほかならない」[17]と述べ，商店街における社会的機能をより強調したのである。

　一方，田村明教授によると，「まち」は「多くの異質な職業，異質な考えや生活様式をもつ人々も一緒に住まわせる場である。マチは開かれており，大勢の異なる立場や行動や思想をもつ人々が集まるのが本質である。近くから遠くから人々はマチを目指して旅をした。……文明評論家のルイス・マンフォードは都市の本質は多様な人々を惹きつける磁力だと言った。マチは，異なる人と物と情報を繋ぎ合わせる人類の発明した素晴らしい装置だが，その中心は開かれたイチだった」[18]と指摘した。

　以上のように，諸研究者らは，商店街を都市の一部として見なし，流通経済

的機能のみならず，社会的機能を強調している。これは，まさに筆者が定義づけた政治・文化・商業を媒介とする「まち」である。すなわち，商店街の「街」は「まち」としての意味を内包している。

ところで，今日の商店街には様々な問題が絡み合っており，商店街が筆者の定義する「まち」として成長した事例は全国的にみても数少ないであろう。それは，コミュニティ機能が充分発揮できなかったことに起因する。無論，その背後には政府の指針の誤りという問題が潜んでいることは否定できないであろう。上述した『90年代流通ビジョン』で提唱されたコミュニティマート構想は，商店街を一施設としての交流の場としてしか規定していなかったのである。

かつて，商店街を構成する個店の経営者らはそれぞれの分野の専門家となり，消費者のよきアドバイザーとして大いに地域社会に貢献していた。このように，従来の商店街では情報の収集・伝達機能を果たしていたのである。これが，真のコミュニティ機能であろう。

地域住民にとって，ただの交流の場としての商店街はそれほど魅力的ではないだろう。商店街は「まち」として自覚すべきである。「まち」は，異質で多様な価値観を有する人々の集合体であるゆえに，そこに集まってくる人々の目的は必ずしも一致するわけではない。したがって，商店街は訪れる人々に対し情報収集・伝達機能を遂行することによって，様々なニーズ・ウォンツをもつ多様な消費者への対応が可能になり，それによってさらに多くの来客を呼び寄せることができよう。

2節　商店街における問題

日本における今日までの小売商業政策は，中小小売業の経営近代化を目指す振興政策と大規模小売業との競合関係を調整するための調整政策を柱としている。しかし，「まちづくり3法」では中小小売業の個店よりも集団としての商店街を対象としており，商店街全体を活性化させることで，個店を復活させよ

うとする狙いが窺える。ところが，4章2節で述べたように振興政策の一環として講じられた TMO は，あまり成果を上げられず，改正された。その失敗要因は，筆者が指摘した如く，商店街を構成している個店を異質多様な存在として見なさずに個の意見より全体の利益を優先したことで，構成メンバーからの協力が得られず，全体として調和された統合的な管理・運営ができなくなったからである。

　石原武政，石井淳蔵教授らの著書『街づくりのマーケティング』のなかでは，中小小売業者の日常業務に縛られる状態を「日常業務周期性の制約」と定義し，日常業務に追われることで商店街活動にも参加する余裕がなくなる[19]と指摘した。事実，筆者が実証研究の一環として行ったヒアリング調査でも，自分の店の仕事で忙しく人手が不足しているので，商店会の仕事には参加したくても参加できないという経営者が多かったのである。

　したがって，本節では，個店と商店街との関係を中心に論ずる。商店街が個店より優先されるようになった理由について「百貨店法」と「大店法」が制定された背景を考察すると共に，今日の商店街問題は内部に存在していることを明らかにする。つまり，現在の商店街の活性化を通してのまちづくりの活動についてみても商店街の全体が優先されている。しかし，商店街の活性化を強調する前にその地域において自分達の商店街の現実を理解するためにも，構成している個店の性格や現状を把握する必要性について述べる。

1．小売商業調整政策の制定背景からみる商店街問題

1）「百貨店法」の制定背景

　第1次大戦後，成長を続けてきた百貨店も昭和恐慌のなかで売上高の減少，手持商品の不足など，初めて苦難の時代を迎え，百貨店間の競争の激化をもたらした。百貨店の競争の激化は，店舗の拡張競争，夜間営業，不当廉売，特売場設置，出張販売，各種催しの開催，無料送迎サービス，無料配達地域の拡大となって現れた。このような競争の激化は，昭和7年（1932）にピークに達し，百貨店にも大きな被害を与えたが，大都市やその周辺都市にある中小小売

業に対しては一層深刻な影響を与えた。

それまで有名無実であった商店会も次第に反百貨店運動を展開するために地域的な組織を結成するようになった。「日本橋の人形町通りの商店会など，約40の商店会によって，昭和3年（1928）に『東京小売商連合』」[20]が結成され，中小小売業の疲弊は百貨店の圧迫によるものであるとして，百貨店の商品券販売制度廃止，出張販売の禁止，百貨店税の創設，おとり販売の禁止などを主張した。また，東京小売商連合は，良品廉売同盟を結び自衛策も講じた。そして，百貨店を統制するために同業組合に加入させようという動きがあった。

「重要物産同業組合法では，同業組合が認可されると地区内で組合員と同一の業を営むものは，特に主務大臣の認めた者以外は組合に加入しなければならなかった」[21]。百貨店も最初は，同業組合に加入していたが，不況期において成長を遂げた各百貨店は，離脱を希望し，政府に対して「同業組合法第4条但し書」[22]にある加入除外の認可を申請した。百貨店は各種の商品を扱うため，取扱商品ごとに組合に加入することは経費の負担が大きくなり，また一般小売業とその業態が異なる点をあげて，同業組合の離脱を主張した。

これに対して，商工省は，百貨店が同業組合に加入することは百貨店の特質を失うことであると判断し，昭和2年（1927），同業組合に加入する必要がないという方針を決定した。そして，昭和3年（1928）6月，まず三越，白木屋に対して同業組合からの脱退を認可したのである。この決定に対して，中小小売業は強く反発したが，同業組合加入問題は，百貨店側に有利な解決に終わったのである。

このように，百貨店を同業組合へ強制加入させることに失敗した反百貨店運動は，昭和4年（1929），商品券廃止，支店・分店増設反対，過当サービス反対を訴えた。特に，商品券規制を求める方向に転換したのである。

昭和6年（1931）には東京府商工課が指導して市内250の商店会，これに加盟している中小小売業1万店を結集して「東京府商店会連盟」を組織した。その目的は，中小小売業自身の自覚と経営改善，百貨店の進出の阻止などであった。東京府商店会連盟は，2回総会を開き，百貨店商品券撤廃，出張販売

反対，送迎自動車撤廃，無料配達禁止，不当廉売の禁止などを訴えた。そして，百貨店の支店・分店の大都市及び地方都市への設置に対する反対運動が全国各地で発生した。「昭和6年11月，東武鉄道のターミナルに開店した松屋の浅草支店は，大都市内ターミナル型の例であるが，中小商店や露天商からなる地元から死活問題であると反対運動が起こった」[23]。また，静岡でも松坂屋の進出に反対して，「静岡市愛市盟団」が組織された。高松市でも三越の進出に反対して「高松商店会連盟」が組織された。なお，地方都市における最大の百貨店問題は，出張販売であった。地方都市への百貨店の出張販売は，短期間であっても中小小売業にとっては，大打撃であった。

地方によっては，愛郷運動と結びついて青年団や婦人団体を巻き込んだ地域ぐるみの反百貨店運動にまで発展した。百貨店の出張販売に対して，中小小売業は，会場付近での購買者監視，出張販売広告の新聞折込みの拒否，出張販売会場の拒否，市町村への寄付金の要求など様々な形で抵抗した。さらに，出張販売に対する課税，公会堂など公共施設の使用料増額・使用禁止を求め，地方当局や中央政府への陳情を行った。こうして百貨店に反対する声が全国に広がったのである。

このような一連の反百貨店運動は，後に政治運動化していった。そして，昭和12年（1937）に「百貨店法」が制定されたのである。

戦争の荒廃から立ち直り，急速な復興を遂げるなかで百貨店も復活し，老舗の都心百貨店の活発な活動，関西の百貨店の東京進出，新たなターミナル百貨店の建築ラッシュなど，百貨店相互間の競争が激化するようになった。この結果，中小小売業を圧迫し，顧客誘引力の強い百貨店と中小小売業間の摩擦・あつれき・紛争は一層顕著なものとなったのである。

戦後の百貨店問題は，戦前の百貨店問題と違い，単に中小小売業との間の問題だけではなく，百貨店と納入業者としての中小問屋との紛争が併発したところにその特徴があった。

昭和26年（1951）秋の朝鮮戦争休戦後の景気後退期に，百貨店間の廉売競争の激化に伴って，百貨店が問屋に対して不当返品，不当値引，手伝い店

5章 「まち」の捉え方からみる商店街の問題

員などを強要し，問題となった。これに対して，公正取引委員会は独禁法第2条第7項に規定する「自己の取引上の地位を不当に利用して相手方と取引すること」[24]は不公正取引であると警告を行った。しかも，公正取引委員会は，小売業一般においては公正かつ自由な競争の推進を期待すると勧告したのである。この勧告を受けた日本百貨店協会は，各地域に自粛委員会を設け，消費者の利益のために問屋，中小小売業との共存共栄を図るとした自粛案を発表した。

　このように，不当返品，手伝い店員の強要などの不公正な百貨店の取引行為に対する規制は，独禁法によってある程度の効果をあげることができたが，百貨店が規模の経済性を基礎に中小小売業に加える圧迫に対しては，必ずしも十分な規制効果を生み出さなかったのである。そこで，中小小売業，なかでも百貨店の圧迫をより強く受けていた都市部や都市周辺の中小小売業は，百貨店の行動を独自に規制する新たな百貨店法制定に向けて，全国的な規模の反百貨店運動を展開した。したがって，百貨店に対する規制が再び社会・政治的問題となったのである。

　「1954年，東京で『東京都百貨店対策小売商連盟』の結成大会が開かれ，12項目の決議を行った。この連盟には，当初強力な全国組織であった日本専門店会連盟は，百貨店と共存できるという立場から参加しなかったが，東京織物小売協同組合，東京都洋品協同組合，東京都既製服小売商協同組合，東京都化粧品小間物協同組合，日本商店連盟，全日本商店街連盟など業種別組合と地域団体，チケット団体などお互いに性格を異にする小売商の団体が参加していた。これによって，百貨店法の制定を求める具体的な運動が展開されることになるのである」[25]。東京都百貨店対策小売商連盟は，不当返品，その他の不正取引の撤廃，新規出店及び売場拡張の制限，不当廉売の禁止，夜間営業の禁止または制限を求めたのである。一方，公正取引委員会は昭和29年（1954）12月「百貨店業における特定の不公正な取引方法」の指定を行った。公正取引委員会が取締対象としたのは，「①購入した商品の不当返品，②購入後の不当値引，③不当な条件による委託仕入，④特売用商品の不当な買いたたき，⑤

177

特別注文品の不当な納入拒否, ⑥手伝い店員の派遣の強要, ⑦納入業者に対する不当な報復措置, ⑧格別に優遇した景品・招待付販売」[26] と 8 項目にのぼった。しかし, この指定はもっぱら百貨店と問屋間の関係が中心となっていたので, 百貨店の店舗の新増設, 夜間営業, 休業日などの事業活動を規制に加えることはなかった。そのため, 百貨店に対する公正取引委員会の指定が行われた後も, 百貨店法制定を巡る運動は強化されたのである。

東京商工会議所は, 百貨店法の制定ではなく商工会議所を中心とする調整機関によって百貨店問題を解決しようとした。そして, 昭和 30 年 (1955) 4 月「商業活動調整協議会」(以下, 商調協という) を設置したのである。「この協議会は, 関係官公庁の職員, 商工会議所の役員, 学識経験者並びに百貨店, 卸・小売商及び消費者の代表などをもって組織され, 百貨店と中小小売業者の紛争の調整を行うことを目的としたのであった」[27]。

この協議会は, 百貨店法の制定ではなく協議会の方式で百貨店問題の解決を図ろうとしたが, 中小小売業の反対で行き詰まり, その成果をあげることはなかった。しかしながら, この商業活動調整協議会は, 後の百貨店法の運用システムで重要な役割を果すことになる。一方, 通産省は昭和 30 年 (1955) 8 月産業合理化審議会に流通部会を設置し, 百貨店問題を検討した。流通部会は, 同年 9 月に第 1 回会議が開かれ, 年末までに 7 回の会合が開かれたが, 通産省は, 百貨店の営業の問題について百貨店組合をつくり自粛させるという案を提示するなど, 百貨店法の制定には消極的であった。

流通部会での審議が進むなか, 「1955 年 9 月に東京都百貨店対策小売商連盟は, さらに強力な活動を推進するため全国的規模の小売商組織『全日本小売商団体連盟』を結成し, 百貨店法の制定のための運動を強化していった」[28]。したがって, 通産省は, 産業合理化審議会流通部会の意見を参考に, 百貨店法案を作成し, 昭和 31 年 (1956) 2 月に通産省案として第 24 回国会の衆議院に提出し, 同年 5 月百貨店法として公布された。

2)「大店法」の制定背景

　1950年代の中頃から，スーパーの急成長に対して百貨店と同様にスーパーにも法的規制を加えるべきであるとの意見や百貨店法の規制強化の運動が中小小売業を中心として展開された。しかし，スーパーは当時政府によって，流通革命の担い手として位置づけられ，法的な規制の外に置かれていた。例えば，1962年末に開かれた産業合理化審議会流通部会においてスーパー規制問題が議論されたが，百貨店と同様に規制することは，まだ時期尚早であるとして，スーパーに法的規制を加えるべきではないとしたのである。

　このような結論を出した背景には，政府の支援があったことに加えて1960年代初期，スーパーはまだ百貨店の地位を脅かすまでに発展していなかったため，百貨店側からのスーパー規制の要求があまり強くなかったという事情があった。しかしながら，その後スーパーは店舗の大型化を進めながら全国的規模で多店舗展開を行い，資本の蓄積を強力に推し進めていった。このような状況が進む中で，問題視されるようになったのが，スーパーが大型店を出店し営業する際に百貨店法による規制を免れるために，百貨店法の企業主義に着目して各階ごとに系列の別会社で店舗面積を基準面積（1,500 ㎡）以下に抑え，営業することから生じた疑似百貨店問題であった。例えば，「西友ストアは5階建ての吉祥寺店を3つの会社で経営していたが，それぞれの売場面積は百貨店法の規制対象以下であったため同法の適用を受けていなかった」[29]。スーパーはこうした疑似百貨店問題を全国各地でもたらし，百貨店法制定以降の百貨店の進出と相まって，中小小売業を一層圧迫することになり，百貨店法改正の気運が高まったのである。「疑似百貨店問題に対して，百貨店側からは同規模の店舗規模を有する疑似百貨店を規制から除外しておくことは，両者間の競争基盤を異にさせるものであるという主張がなされ，中小小売業側からはスーパーが立地や品揃えの点で中小小売業と競合する面が多く，百貨店よりも大きい影響を与えているにもかかわらず，百貨店を規制する一方でスーパーを自由にしておくのは不条理であるという主張がなされた」[30]。この問題に対して通産省は，1968年から1970年にかけて一連の通達を出した。「1968年6月の

通達では，疑似百貨店に対して広告や商号や店員の服装などが相互に明確に区別できるようにせよといった指導がなされた。そして，1970 年 9 月の通達では，百貨店以外の大規模小売業に対して店舗の新増設を行う際に事前に地元の通産局に届出ることや店舗の新増設，広告，廉売，休業，営業時間などについて地元と十分に調整することなどが指示された」[31]。この通達は，直ちにスーパーを百貨店法の規制対象に含めようとしたものではなく，全国的に店舗展開を行う大規模スーパーと中小小売業との対立や摩擦を和らげながら，百貨店法そのものの規制緩和を推し進めようとするための準備行為であった。

このような経緯を経て，百貨店法の改正問題が議論の中心となり，1971 年 12 月に百貨店法改正私案が発表される。そして，翌年 8 月，産業構造審議会流通部会小売問題小委員会により，「大型小売業に関する法制のあり方」がまとめられ，その中では次のように述べられている。「今後の小売業政策においては消費者利益の確保という視点が大切であり，そのためには，従前のような中小小売業の保護ではなく，スーパーのような効率的な大規模小売業の自由な参入を図り，流通近代化を推進しなければならないので，スーパーをも含めた大規模小売業と中小小売業の対立の調整も必要であるけれども，基本的には百貨店法の規制度合いを緩和すべきであるといった結論が導き出されている」[32]。

しかし，自民党，社会党や共産党により反対された結果，この原案は修正され，1973 年 3 月に衆議院に提出されたのが事前審査付届出制と呼ばれる大店法法案であった。事前審査付届出制は，通産大臣が小売業者の届出内容について事前調査・審査し，必要であれば届出内容の変更勧告及び命令ができるというものである。この事前審査付届出制は，届出によって営業が開始できるという側面を重視すると，営業自由の原則が貫かれているように見えるが，通産大臣の命令によって調整されるという側面を重視すると，行政による権力的介入が可能であり，運用次第によっては，中小小売業保護の色彩が強い法律であった。これは，1973 年 9 月に参議院も通過して成立し，10 月に公布された。そして，翌年 3 月より施行される。

しかし，1973 年の第 1 次オイルショックと 1979 年の第 2 次オイルショックを契機に，日本の経済は下降傾向に転じ，経済成長率が戦後初のマイナスを記録した。いわゆる「低経済成長期」である。

　こうしたなか，1975 年以降，各地の商工会議所，商調協は売場面積を大きく削減するだけではなく，様々な理由をあげて規制を強化する。その最も象徴的な例は，「ダイエーの熊本出店問題であった。ダイエーは，1975 年 3 月から熊本への出店を目指していたが，熊本商工会議所は『ダイエー進出反対』を満場一致で可決し，熊本商調協もゼロ回答を出した」[33]。また，地方自治体は，地元中小小売業者の合意を取り付けない限り大店法にもとづく出店届出を受理しないという上乗せ規制や大店法で定めた基準面積よりも低い厳しい面積を定め，独自に調整する条例などの形で大店法より厳しい出店規制を行った。例えば，「1976 年に豊中市では条例で，基準面積以下（200 ㎡以上）の店舗の届出，審議，助言，指導を制度化した。熊本県では，罰則つき条例を制定するなど，地方自治体は条例や要綱を定めて規制に乗出した」[34]。

　こうした出店規制強化の動きと相まって，大型スーパーを巡る紛争が多発するなかでわずか 5 年後の 1978 年に大店法はより規制を強化する方向で改正された。その背景としては，高度経済成長期から低成長期へと経済の基調変化にもかかわらず，大型スーパーの出店は極めて積極的であったことがあげられる。

2. 今日における商店街問題

　上述した調整政策の制定背景に基づき，小売商業に関する既存研究では，その研究対象を個店レベルにするかまたは商店街全体のレベルにするかによって「中小小売業問題」あるいは「商店街問題」と定義している。しかし，その問題の原因となる対立者は，両方とも大規模小売業であると規定しており，大規模小売業との競合に起因する経済的問題であると見なされてきた。そして，これは戦前・戦後しばらくの間には「百貨店問題」，近年では「大型店問題」として集約される。

しかし，この表現からも窺えるように商店街においては，これらはまったく異なる性格の問題である。要するに，「百貨店問題」は当時立地的な限界から百貨店が中心市街地を中心に進出したことによって，ごく限られた地域における商店街に影響を与えたとみられる。ところが，「大型店問題」に対してはスーパーの立地や品揃えの点で中小小売業と競合する面が多く，全国各地に多店舗展開を行ったことで，全国至るところの商店街に大きな影響を及ぼしたのである。この状況下で，中小小売業の近代化・高度化を目指すことを目的に協業化，共同化等組織化が推し進められた。特に，商店街に対しては，「1962年に商店街振興組合法が制定されたのを機に，1963年には店等集団化事業，小売商業店舗共同化事業が進められ，商店および商店街診断，広域商業診断が始められた。1964年には商店街近代化事業，1967年には小売商業連鎖化事業が相次いで行われる」[35)]こととなった。これに基づいて，全国各地で街路灯，アーケード，駐車場などの施設整備が行われた。

　しかし，このようなハード面での開発によって大規模小売業との競合問題が解決でき，活性化していった商店街は皆無に近いであろう。また，今日の「まちづくり3法」の改正からも推察できるように，この問題は業態の多様化に伴って深刻化しており，一方で商店街に限らず地域間競争に起因する新たな問題をも内包しつつある。

　それでは，現在，商店街における問題が1990年代のバブル景気崩壊以後，どのように変化してきたか，『商店街実態調査』を用いてみると（図表5-1参照），1995年，2000年度の商店街における大きな問題は，高い割合で「大型店との競合」であると回答したが，2003年にはその割合を約半分ほど低下させており，大規模小売業との競合に求める問題意識が薄れていることが分かる。その代わりに，「経営者の高齢化による後継者難」「魅力ある店舗が少ない」というように内部的要因に起因すると認識しており，今後強化する必要がある事業として，「個店の改善・活性化」が指摘されている。

　以上のように，日本においてはこれまで商店街を構成している多くの中小小売業に対しあまり目を向けられることなく，商店街全体の活性化を優先する傾

5章 「まち」の捉え方からみる商店街の問題

図表5-1　商店街における問題の変遷

	1990	1995	2000	2003
1	駐車場がない (41.4%)	大型店との競合 (75.7%)	魅力ある店舗が少ない (72.8%)	後継者難 (67.1%)
2	大型店との競合 (38.5%)	後継者難 (63.9%)	大型店との競合 (72.3%)	魅力ある店舗が少ない (66.3%)
3	核となる店舗がない (38.5%)	商圏人口の減少 (57.5%)	商店街活動への商業者の参加意識が薄い (65.0%)	商店街活動への商業者の参加意識が薄い (55.7%)
4	業種構成に問題がある (25.7%)	駐車場がない (54.3%)	後継者難 (61.6%)	核となる店舗がない (51.8%)
5	商店の歯抜け現象が進行 (20.7%)	まちづくりに対する住民の参加意識が薄い (52.7%)	商圏人口の減少 (56.4%)	駐車場がない (37.2%)
6	後継者難 (18.3%)	核となる店舗がない (51.6%)	駐車場がない (54.0%)	大型店との競合 (36.9%)

（出所）全国商店街振興組合連合会ホームページ（www.syaoutenngai.or.jp）より引用。

向が強かったのである。また，商店街全体の繁栄は個店の発展にもつながるという見解が主流であったと考えられる。

　しかし，図表5-1のように今日の商店街問題は個店自身の問題でもある。3章2節の実証研究を通して明らかにしたように，商店街は異質多様な個店によって構成されており，その構成メンバーの本質を理解せねばならないのである。

　商店街においては，経営者の個人利益を重視する現実と組織に対する全体利益を優先する思惑が混在しており，理想と現実が常に対立しているような状態である。

　松井辰之助教授によると，「小賣商は，それがどんなに有能であろうとも，しょせん一店單獨の孤島的存在であっては顧客も吸引できないし經營の存續も圖れない」[36]と指摘した上で，「あらゆる自然發生的な商店街……には，相互に矛盾する二箇の原理が，支配的に作用している。一は街内補完の原理で，二

183

は街内對立の原理である。いかなる自然發生的商店街にとっても，この二つの原理は必然的な表裏物であって，一が他から免れて商店街を存立せしめることはできない。補完は構成的であるが，對立は反構成的である點で，両者は矛盾する。しかも，商店街はこの二箇のものを同時的に内存せしめているところのなんらかの統一物である」[37]と述べた。また，「商店街そのものの經營的協同運動は，對立の可及的克服を通して補完原理の質的充實または向上を期待するものでなければならぬ。補完の量的擴大は對立の増大となり，この對立の増大が契機となって補完はここに質的發展を遂げる」[38]と強調した。このように，松井教授は商店街を主体とし，それは個店の相互補完と対立関係によって成り立っていることを明確化しながら，この2つを調整することで発展に導くと唱えたのである。

　木地節郎教授は「個別経営の立地は個別経営の自由意志によって選択され，決定される。したがって，個別経営の集団によって形成される集積も個別経営の自由意志による立地決定の結果としてあらわれたものであるということになる」[39]と述べた上で，「集積の利益は集積体として受ける利益と集積を構成する個別経営が受ける利益に分けられるが，最終的には個別経営が受ける利益にならなければならない」[40]と指摘し，集積よりも個店を優先した。また，木地教授は「集積の発展というのは単に量的に拡大するということだけを意味しているのではなく，量的な面とともに質的すなわち集積の構成条件についても含めておかなければならない。集積の構成条件には集積を構成する個別店の経営水準と集積体である商業集団の組織的運営の問題がある。個別店の経営水準については，その経営体質が企業的経営として強化され，高度の経営技術が導入されていることが必要であるが，さらにその基礎として商業者自身の意識が近代化していなければならない」[41]と強調した。要するに，教授は経営者の意識の向上と自助努力が集積としての商店街活性化の前提条件であると唱えたのである。筆者も木地教授の見解に同意しており，2章の既存研究のレビューと3章の実証研究で明らかにしたように，個店にとって「経営目的」とは最も重要なものである。

さらに，田中道雄教授は商店街に関する既存研究の限界点として「容易に商店街の発展こそが個別店の発展の前提として位置づけられる。いわば個別店は没個性として把握され，全体のなかの部分に留まらざるをえない。それは歴史的な成り立ちでもみたように，商店街組織の有り様そのものに反している」[42]と指摘した。そして，「われわれは，実在の商店街がいかなる構造と機能をもち，変わりゆく環境にどう対応しうるかを個別商店の立場から明らかにすることである」[43]と強調している。田中教授の見解は，「小零細小売業は質的に多様である異質多元的な存在」であると規定した筆者の主張と相通ずるのである。

　商店街は，個店相互間の複雑な利害関係を調整しながら，個店の発展が商店街活性化につながるという発想の転換が必要である。それは，筆者が主張する相互扶助であり，個店を活かすことによって商店街の独自性がより強調され，他の商業集積とも差別化が図れるという戦略でもある。

注
1) 田村明『まちづくりの実践』岩波書店，2005，5 頁。
2) 斎藤忠志「我が国の流通政策の変遷と今後の方向」『愛知学院大学論集』1998，3，37 頁。
3) 通商産業省商政課編『90 年代の流通ビジョン』通商産業調査会，1989，151 頁。
4) 通商産業省産業政策局・中小企業庁編『21 世紀に向けた流通ビジョン』通商産業調査出版部，1995，115〜118 頁を参考にした。
5) www.soumu.go.jp/gapei/，2006 年 10 月 10 日検索，
6) 菅野和夫・江頭憲治郎・小早川光郎・西田典之編『小六法 平成 18 年版』有斐閣，2005，215 頁。
7) 柴田武・山田進編『類語大辞典』講談社，2003，1047 頁。
8) 小西友七・南出康世編『ジーニアス英和大辞典』大修館書店，2001，2126 頁。
9) 小西友七・南出康世編，上掲書，2273 頁。
10) 関根孝「商業振興と街づくりの視点」『専修商学論集 - 第 65 号』専修大学学会，1998，51 頁。
11) 谷口吉彦『配給組織論』千倉書房，1938，309〜313 頁を参考にした。
12) 谷口吉彦，上掲書，318〜321 頁を参考にした。

13) 谷口吉彦，上掲書，321 頁。
14) 鈴木安昭『昭和初期の小売業問題』日本経済新聞社，1980，187 頁。
15) 鈴木安昭「中心商店街とその変動」日本商業学会編『流通構造と都市商業』ミネルヴァ書房，1975，98 頁。
16) 森淳一「商業文化の復権」名東孝二編『生活者経済学の提唱』合同出版，1981，129 頁。
17) 田中道雄『商店街経営の研究——潮流・変革・展望——』中央経済社，1995，63 頁。
18) 田村明，前掲書，29 ～ 30 頁。
19) 石原武政・石井淳蔵『街づくりのマーケティング』日本経済新聞社，1992，301 ～ 303 頁を参考にした。
20) 武嶋一雄「我国の百貨店の発達と第 1 次百貨店法（下）」『名城商学』名城大学商学会，1980，19 頁。
21) 鈴木安昭，前掲書，292 頁。
22) 同業組合法第 4 条但し書とは，「但し営業上特別ノ状況ニヨリ主務大臣ニ於テ加入ノ必要ナシト認ムル者ハコノ限リニ在ラズ」である。（鈴木安昭，前掲書，110 頁。）
23) 鈴木安昭，前掲書，296 頁。
24) 佐藤肇『日本の流通機構』有斐閣，1976，277 頁。
25) 鈴木幾多郎『流通と公共政策』文眞堂，1999，128 頁。
26) 日本百貨店協会創立 50 周年記念誌編纂委員会編『百貨店のあゆみ』日本百貨店協会，1998，70 頁。
27) 鈴木幾多郎，前掲書，133 頁。
28) 鈴木幾多郎，前掲書，139 頁。
29) 三谷真「戦後百貨店法とその制定をめぐる問題について」『関西大学商学論集』関西大学商学会，1983，43 頁。
30) 岩永忠康「大型店規制」阿部真也編『現代流通の解明』ミネルヴァ書房，1991，251 頁。
31) 加藤義忠・佐々木保幸・真部和義共著『小売商業政策の展開』同文舘，1999，59 頁。
32) 保田芳昭他著『日本と欧米の流通政策』大月書店，1995，15 頁。
33) 鈴木幾多郎，前掲書，201 頁。
34) 鈴木幾多郎，前掲書，201 頁。
35) 佐々木保幸「流通近代化政策と中小小売商業振興法」加藤義忠・佐々木保幸・真部和義共著『小売商業政策の展開』同文舘，1999，164 頁。
36) 松井辰之助『中小商業問題』有斐閣，1953，157 頁。
37) 松井辰之助，上掲書，157 ～ 158 頁。
38) 松井辰之助，上掲書，158 頁。
39) 木地節郎『商業集積の立地——小売商業集積の成立と形成——』啓文社，1988，82 頁。

40）　木地節郎，上掲書，85 頁。
41）　木地節郎，上掲書，91 頁。
42）　田中道雄，前掲書，58 頁。
43）　田中道雄，前掲書，59 頁。

結論：小零細小売業の新たな役割

1．まちづくりのあり方と小零細小売業の役割

　今日では，「まちづくり」という表現は，商店街の整備や活性化を考える際には，不可欠なキーワードとなっている。つまり，商業振興という立場からの「まち」の活性化が主流となっている。確かに，商業は「まち」の核であり，その活性化は「まち」の賑わいを創出する。一方，商業の衰退はまちづくりに深刻な問題を生じさせる。しかし，まちづくりを小零細小売業の保護を考えるだけの手法ではなく，地域社会において，豊かな生活が維持できるような商業集積を形成するための総合的な手法として位置づける必要がある。

　現在，多くの市町村，特に大都市や中規模都市内には複数の商業集積が存在しており，それぞれが「まちづくり」を通して活性化に取り組んでいる。しかし，人口の増加や消費需要の拡大があまり期待できない状況のなかで，ある商業集積が繁栄すれば，周辺の商業集積が影響を受けるのは必定である。既存の商業集積すべてが繁栄することはほとんど期待できない。

　本書では，町田市における実証研究を通して，複数の経営目的をもつ異質多元的な小零細小売業の存在が確認できた。要するに，小零細小売業といっても「業」を企てる「企業」としての段階に属するものや，「業」を起こす「起業」から「企業」へと成長する階層，「転業，副業化，あるいは廃業」を考慮する階層があり，特に最後の階層においては業歴にかかわらず，地域密着の志向が薄くなり，地域住民に喜ばれることに経営満足していない。

　このような廃業予備軍的な性格をもつ小零細小売業によって構成される商店街が衰退するのは必然的なことであろう。現在の「まちづくり」のなかでは，実証研究で明らかにしたように複数の経営目的をもつ多様な小零細小売業の存在を考慮しておらず，小零細小売業全体を視野に入れた活性化の取組みに，無理が生じることは当然であると考える。

小零細小売業自身も保護に頼らず，企業家として経営を行うという姿勢が一層重要になっており，自らの事業の発展を目指して自助努力していくことが求められる。かつて，小売業の伝統的な担い手であった小零細小売業は，地域住民のニーズに機敏に対応した地域密着型の商業施設であり，かつ地域住民の交流の場として機能し，あるいはその事業主がそれぞれの分野の専門家となり，最終消費者のよきアドバイザーとして大いに地域社会に貢献してきた。小零細小売業者はこうした従来の役割を自覚すべきである。

　日本の人口減少が現実的なものとなってきているが，生産年齢人口は既に1995年をピークに減少し始めている。高度経済成長期においても労働力不足の問題が浮上したが，今日では純粋な人口の減少による労働力の不足が深刻な社会問題となりつつある。このような状況のなかで，小零細小売業においても真剣に後継者の育成を考えねばならない。実際現場では，血縁関係にある者のみを対象に事業を継がせるという経営者が少なからずみられた。しかし，この問題を解決するためには，身内以外の人材を積極的に取り込み，育成するべきである。実証研究において明らかにしたように，正社員を雇っている事業所では高水準の経営目的を有していることからも，人材育成という観点がいかに重要であるかが分かるであろう。

　ただし，現実的には個店レベルでの人材育成は困難であるため，商店街レベルでの取組みが望まれる。このような地域ぐるみの支援を通して，商店街全体のつながりを強化することにより，個店における経営意識も高まり，活性化につながるであろう。

　小売市場において，個人的最終消費者の分散性・小規模性・個別性という性格は消え去るものではない。日本社会の高齢化・少子化に伴い，むしろ消費者の小規模性は従来より高まってきている。特に，高齢者や障害をもつ人々などの経済的弱者が，商品購入などの側面で不利益を被る可能性は高くなっている。この意味においても小零細小売業の役割は以前にも増して重要となっている。

　既存研究においても，小零細小売業の近隣性や分散性，多様なサービス要求

に対する柔軟性・小回り性といった特性が強調されているが，最終消費者にとってこれらの特性は今日一層求められている。つまり，小零細小売業は消費市場において最終消費者に商品を提供するという毛細血管的な役割も再認識されるべきである。上述したように人口減少による経済活動の縮小が予想されるため，小零細小売業においても厳しい同・異業態間競争は避けられない。そのために，地元志向が一層求められている。小零細小売業にとって，地元を把握するために地域における変化を観察・分析することは極めて重要である。

これまで，経済状況がよい時には大規模小売業の規制が緩和され，逆に経済状況が悪い時には大規模小売業の規制を強化するという関係が成り立っていた。しかし，近年では経済不況と大規模小売業の規制の緩和が同時進行しており，地域間・商業集積間の競争が激しくなることが予想される。

この状況下，まちづくりにおいて大規模小売業と小零細小売業との共存共栄関係が見直されるべきである。

「まち」は，政治，文化，商業などといった様々な機能をもっている。「まち」は，まさに人々の交流・往来・生活の場であり，いろいろなものの見方，考え方，価値基準，ルールが働いている。もちろん，そこには経済原理が含まれるが，社会にはこうした経済的見方だけでなく，学問，芸術，宗教などいろいろな分野での考え方や価値基準がある。経済合理性だけでまちづくりはできないわけで，文化を含めて社会の様々な要求に応えなければならない。こうした様々な分野が，まちづくりに反映されてきている。これらの優先順位は国により，時代により異なるのが普通であるが，日本ではこれまで経済的合理性の強い影響下にあった。

しかし，商店街は地元住民の買物の場であると共に「まち」の顔であり，地域の生活の中心地であるのでその活性化は大きな関心事のはずである。今後は，住民側も意識を高めて，商店街の活性化やまちづくりに参加していく必要がある。

2. 本研究の問題点と今後の課題

　本研究では，既存研究の考察を通して，小零細小売業をいかに発展させていくかという根本的な問題解決や小零細小売業の方向性を打ち出していないことについて明らかにした。また，小零細小売業に関する既存研究の概念規定では，小零細小売業自らの動機づけ，自助努力の観点がなおざりにされている。

　これに対し筆者は，小零細小売業においての真の問題として，得られた差額をどういう目的で使用するかという「動機」＝「経営目的」を導き出し，複数の経営目的を有する異質多元的な存在であることを実証した。今後は，個店レベルを対象に経営戦略的な観点からの分析が求められよう。また，「転業，副業化，廃業」を考慮する階層において，第2の事業を計画・希望するところが多いことが明らかになった。特に，こうした階層はコンビニエンスストアへの業態転換の事例が多いと推測される。したがって，小零細小売業の減少とコンビニエンスストアの増加との因果関係について解明されねばならない。

　現在日本では，商業振興とか活性化というと主に既存の商業集積，特に伝統的商店街を想定することが多い。しかし，商業振興は既存の商業ばかりではなく，新たな商業施設の開発を含めて考える必要がある。例えば，都心から郊外への人口の移動などの環境変化があれば，当該地域の商業のあり方も変化するだろう。様々な商業集積の存在理由，規模，商圏，地理的な位置など中心地理論的な考慮の上で，商業振興は図られなければならない。この観点からの考察も必要とされよう。

　フランスにおける小零細小売業の創業支援策や保護政策について考察し，日本においては小零細小売業に対する経営の「支援・指導」の体制が整備されていないことを指摘した。このことの一つの原因として，日本の縦割型行政構造が一般的に指摘されている。こうした行政的な問題点からのアプローチも重要である。

　今日まで，中小商業特に，中小小売業やまちづくりに関する研究を行った研究者らは，自らの研究成果を現場の経営者らと共有することが少なく，現場から批判の声がある。この点に関しては，筆者も含めて反省すべきである。以

上のことを踏まえ，学説としてその成果が極めて乏しいまちづくりに関して，フィールド調査を中心に今後も研究を進めるとともに，まちづくりというテーマに対しマーケティングの観点からアプローチし，激変する環境変化にどう対処しながら「まち」を維持させるか，そして，そのなかで商店街はどのような役割を果たすべきかについて研究してゆきたい。

付録：神奈川県相模原市における小零細小売業の経営目的分析

　現在，日本において全小売業事業所数の 68.9％を占める小零細小売業の減少が深刻な社会問題となっているにもかかわらず，これらの小零細層に関する実態調査はほとんど行われていない。また，従来の既存研究では，長い間小零細小売業を一律に非資本的な経済的弱者と見なし，小零細小売業同士があたかも同一な存在として捉えてきたことで，これまでの研究の展開方向と小零細小売業の実態とには大きな乖離が生じている。

　そこで，本調査研究では小零細小売業の減少問題を大規模小売業との競合に起因する経済的問題でもあるが，小零細小売業自身も積極的な経営努力が求められる総合的な問題であると規定する。その狙いは，小零細小売業者の自助努力による成長，つまり経営目的の観点から小零細小売業を企業成長のプロセスのような動態的な過程の中で，その実態を明らかにするためである。このような分析視点は，小零細小売業をいかに発展させていくかという根本的な問題解決や方向性を打ち出すためには必要不可欠な要素であり，さらに商店街活性化を通じてのまちづくりにおいても異質多元的な小零細小売業の実態の把握が前提条件となるからである。

　したがって，本調査[1]は昨年度の東京都町田市の調査研究と同様に多様な形態を持つ小零細小売業の実態を把握するために，神奈川県相模原市における小零細小売業者の経営目的を中心に調査分析した。

　アンケート調査は，2006 年 9 月 11 日から 10 月 3 日まで，神奈川県相模原市の 2 ヶ所の商店会の協力のもと，小売業に限定して 110 ヶ所にアンケートを配布し，72 部回収できた。回収率は 65.5％である。しかし，72 部の内，無回答が 3 部，従業者数 5 人以上の中規模小売業が 7 部あったため，62 部が有効であり，有効回収率は 56.4％である。

1. 研究対象地域

　相模原市は，東京都心部近郊に位置しベッドタウンとして発展してきた。相模原市の商業施設の多くは，町村合併，米軍基地の設置や広い範囲に団地などが造成されたことによって，自然発生的に形成されたのである。そのため，市内に中心的な商業地の形成が立ち遅れている。

　また，最近では国道16号線沿道の大規模小売業の進出と近隣地域における娯楽機能を取り入れた大型商業施設を中心とした駅周辺の開発などによって，消費者の周辺商業地域への流出が問題となっている。このような地域間競争は，相模原市における小零細小売業の経営を圧迫し，それらの事業所を減少させたのである。

　このような状況に対して，相模原市は「バランスある発展と他都市との競争力を高めるため，昭和58年3月に『商業振興ビジョン』を，また，平成8年3月には『さがみはら産業振興ビジョン』を策定し，商業地形成事業を展開している。特に中心商業地3地区（橋本駅周辺，相模原駅周辺，相模大野駅周辺）と地区中心商業地5地区（淵野辺，上溝，小田急相模原，東林間，古淵）の計8地区を拠点的商業地として位置付け，商業機能の集積を進めるとともに，各地区ごとに個性的な商業地形成をめざしている」[2]。調査に当たっては，中心商業地である橋本と近隣型商業地である二本松の2ヶ所の商店街を選びアンケート調査を行った。

2. 対象地域における小零細小売業の概要

　相模原市における小売業の事業所数は4,090ヶ所であり，その中で，従業者数1～4人規模の小零細小売業は59.1％の2,417ヶ所で，隣接する町田市より多く存在している。また，経営組織別にみると，法人商店が2,472ヶ所と60.4％を占めており，残りの1,618ヶ所（39.6％）が個人商店である。これらの小零細小売業の年間販売額は，680億3,460万円と全体の11.7％しか占めておらず，低い水準である[3]。

　ところで，相模原市の2ヶ所の調査地域における小零細小売業を従業者規

付録：神奈川県相模原市における小零細小売業の経営目的分析

図表1　従業者数 と 経営者の年齢 と 後継者の有無

後継者の有無	従業者数	経営者の年齢					合計
		40歳未満	40〜49歳	50〜59歳	60〜69歳	70歳以上	
いる	従業者数1〜2人	1	0	1	4	3	9
	従業者数3〜4人	0	0	2	6	8	16
	合計	1	0	3	10	11	25
いない	事業主のみ	3	0	1	1	8	13
	従業者数1〜2人	1	0	7	8	2	18
	従業者数3〜4人	1	2	2	0	1	6
	合計	5	2	10	9	11	37

模別，業種別にみると，事業主のみと答えた事業所は13ヶ所（21％）であり，従業者数1〜2人は27ヶ所（43.5％），従業者数3〜4人は22ヶ所（35.5％）である。そして，22ヶ所の事業所が51年以上営業していると回答しており，長い経歴を有している。

業種別には，「その他の小売業」が27ヶ所（43.5％）で一番多く，その次は「飲食料品小売業」で20ヶ所（32.3％）と両方合わせて75.8％と高い割合を占めている。相模原市全域においてもこの2つの業種は2,778ヶ所（67.8％）と過半数以上である[4]。その他は，「家具・じゅう器・機械器具小売業」8ヶ所（12.9％），「織物・衣服・身の回り品小売業」5ヶ所（8.1％），「自動車・自転車小売業」2ヶ所（3.2％）である。

1）経営者の実態

経営者の年齢別事業所の分布をみると，「70歳以上」の事業所が22ヶ所と最も多く存在している。また，「60〜69歳」と回答した事業所を合わせると41ヶ所と半数以上である。一方，新規事業者あるいは後継者とみられる「40歳未満」の経営者はたったの6ヶ所しかない。なお，後継者の有無についてみると，62ヶ所中37ヶ所が「いない」と答えている（図表1参照）。

さらに，経営目的の観点から経営者の実態について分析する。つまり，5つ

図表2　経営者の年齢及び後継者の有無と経営目的

経営目的	経営者の年齢					後継者の有無	
	40歳未満	40～49歳	50～59歳	60～69歳	70歳以上	いる	いない
生業志向	1	0	2	8	10	10	11
個人志向	0	0	2	3	5	5	5
地元志向	2	0	1	9	11	14	9
革新志向	2	1	2	3	1	5	4
成長志向	2	1	0	0	1	1	3

※複数回答により合計が異なる。

の経営目的に関する質問事項に対して「強く考えている」と答えた回答だけを抽出し，経営者の年齢と後継者の有無とを関連づけ分析する。図表2のように対象地域の小零細小売業者は後継者の有無には関係なく，「生業・地元志向」が強く，経営者の高齢化が影響を与えていることが一目瞭然である。

このことから，対象地域の小零細小売業者は，高齢化によって経営意欲を消失し，この地域のみで生計が維持できる程度の収入があれば十分である，と考える現状維持を志向する傾向が強いと言えよう。ともかく，小零細小売業における経営者の高齢化や後継者難は深刻な問題である。

また，商店会の活動に関して考察すると，62ヶ所中53ヶ所の事業所が商店会には加盟しているが，「積極的に参加したい」と答えたのは21ヶ所（33.9％）しかなく，その参加意識は非常に低い。これは，石原武政・石井淳蔵教授らが，中小小売業者は日常業務に追われることで商店会活動にも参加する余裕がなくなると問題提起した「日常業務周期性の制約」[5]を裏づける結果であると考えられる。

2) 従業者規模別就業状況

対象地域における小零細小売業の就業状況についてみると，正社員を雇っている事業所は62ヶ所中6ヶ所（9.7％）しかない。また，臨時雇用者を使用している事業所に関しても10ヶ所（16.1％）だけである。

図表3 正社員と臨時雇用者の有無

従業者規模	正社員の人数			臨時雇用者数		
	いない	1人	2人	いない	1人	2人
事業主のみ	13	0	0	13	0	0
従業者1～2人	26	1	0	25	2	0
従業者3～4人	17	4	1	14	3	5
合計	56	5	1	52	5	5

　従業者規模別の分布（図表3参照）をみると，正社員を雇っている事業所は従業者1～2人規模で1ヶ所（1.6%），従業者3～4人規模で5ヶ所（8.1%）となっている。一方，臨時雇用者を雇っている事業所は従業者1～2人規模で2ヶ所（3.2%），従業者3～4人規模で8ヶ所（12.9%）と前者とほぼ同じ水準である。この内，正社員と臨時雇用者の両方を雇っている事業所は，従業者3～4人規模の2ヶ所のみである。このことから，対象地域の小零細小売業は，家族従業者を中心に営んでいることが分かる。

　さらに，これらの経営目的について考察すると，両方を雇用している事業所においては1ヶ所が「革新・成長志向」である反面，もう1ヶ所は「生業・個人志向」であった。そして，正社員のみと臨時雇用者のみを雇っていると答えた事業所においては，8ヶ所の事業所が「生業・個人志向」と「革新・成長志向」を同時に目指す矛盾的な経営目的を有しており，後の1ヶ所は経営目的すら持っていない。

　これらは，清成忠男教授が唱える「本来の企業」であるが，これに適合する事業所は1ヶ所だけである。その理由は，山中篤太郎教授の「発展のないところ不経済が存在する」という規定に鑑みると，何人かの賃金労働者を雇用し経営するとしても，その経営目的が現状維持であっては生業と同じであると見なすことができよう。しかも，多くの事業所が現状維持と発展を同時に志向するという矛盾的な経営目的を有しており，この階層は「生業と企業の中間的存在」に該当すると考えられる。

図表4　家族従業者の分布

従業者数	家族従業者数				
	1人	2人	3人	4人	合計
従業者1～2人	14	13	0	0	27
従業者3～4人	3	7	11	1	22
合計	17	20	11	1	49

※「事業主のみ」と答えた事業所13ヶ所を除く。

3）家族経営の実態

　ここでは，家族従業者の就業状況（図表4参照）について考察する。家族従業者1人の事業所は，従業者1～2人規模で14ヶ所（28.6％），従業者3～4人規模で3ヶ所（6.1％）である。一方，家族従業者2人の事業所は，従業者1～2人規模で13ヶ所（26.5％），従業者3～4人規模で7ヶ所（14.3％）となっており，家族従業者3人以上の事業所は12ヶ所（24.5％）である。そのほとんどの事業所は，夫婦で商売している。

　さらに，これらの事業所の経営目的についてみると，28ヶ所の事業所が「生業・個人志向」が強いと回答しているが，その多くは「地元志向」を有している。

　しかし，10ヶ所の事業所においては生業と成長を同時に志向すると回答している。これは，昨年度の東京都町田市を対象に行った調査研究においても同じ傾向がみられた。ところが，町田市の調査地域においては，第2の事業を計画・希望する事業所が多く，主にコンビニエンスストアへの転業として理解されたが，今回の調査対象地域においては本業である小売業の業績が落ち込んだため，廃業を考慮するという声が多かった。このヒアリング調査結果から，上述した商店会の参加意識の低下の要因は人手不足に加え，経営意欲が消失したことによるものであると考えられる。

　これらの家族従業者，特に配偶者の仕事内容（図表5参照）についてみると，従業者1～2人規模の事業所27ヶ所中11ヶ所（40.7％）が「店の仕事中心」と答えている。また，これに「家事中心で店は時々手伝う」と回答し

付録：神奈川県相模原市における小零細小売業の経営目的分析

図表5　配偶者の仕事内容

奥さんの仕事	従業者1～2人	従業者3～4人	合計
家事に専念	1	1	2
家事中心で店は時々手伝う	12	8	20
店の仕事中心	11	11	22
他のところで勤めている	1	0	1
その他	2	2	4
合計	27	22	49

※「事業主のみ」と答えた事業所13ヶ所を除く。

図表6　配偶者の月平均給与水準

	従業者1～2人	従業者3～4人	合計
5万円以下	4	2	6
6万～10万円	9	8	17
11万～15万円	2	2	4
16万～20万円	6	3	9
21万円以上	6	7	13
合計	27	22	49

※「事業主のみ」と答えた事業所13ヶ所を除く。

た12ヶ所の事業所を合わせると，85.2％である。同じく，従業者3～4人規模においては両方を合わせて86.4％と従業者1～2人規模の事業所に比べて高い割合を占めており，「家事に専念」していると回答した事業所は両者とも1ヶ所である。このことから，小零細小売業においては店に対する従業員としての配偶者の果たす役割は極めて大きいことが分かるであろう。

　なお，配偶者の給与水準（図表6参照）は，15万円以下と答えた事業所が27ヶ所で55.1％となっており，従業者規模別にみると，従業者1～2人規模で15ヶ所（30.6％）であり，最も多かった。また，従業者3～4人規模においては12ヶ所（24.5％）となっている。

図表7　配偶者の給与の使途

給与の使途	奥さんの給料					
	5万円以下	6万～10万円	11万～15万円	16万～20万円	21万円以上	合計
全部経営,生活のために使う	1	8	3	4	3	19
一部を経営のために使い,残りは自由に使う	1	0	0	1	2	4
一部を生活のために使い,残りを自由に使う	2	7	0	4	6	19
全部自由に使う	2	2	1	0	1	6
その他	0	0	0	0	1	1
合計	6	17	4	9	13	49

※「事業主のみ」と答えた事業所13ヶ所を除く。

　このように，配偶者の賃金水準は東京都町田市の調査研究と同様，経営に対する貢献度よりも低い水準であり，それは恣意的に決定されると思われる。

　さらに，その給与の使途（図表7参照）についてみると，49ヶ所中19ヶ所が全額を営業活動のための交際費や生活費として使用しており，一部を経営や生活費のために使うと答えた人を合わせると42ヶ所で85.7％にもなる。全額を自分のために使うと答えた事業所はわずか6ヶ所しかなかった。

　以上のような分析結果を，上述した経営目的の観点から考察した結果に関連づけてみると，対象地域における小零細小売業は清成教授が指摘したように，家族主体の経営であって，経営と家計が分離されていない業主所得の極大化を目的とする「生業的家族経営」であると見なすことができよう。

　このように，配偶者に代表される家族従業者の給与水準とその使途は，小零細小売業を考察する際，参考にすべき指標であると考える。

4）月平均売上高と商店経営以外の収入状況

　月平均売上高を従業者規模別（図表8参照）にみると，事業主のみでは12ヶ所が月平均売上高100万円未満と答えており，従業者1～2人規模では「100万～199万円」と回答した事業所が10ヶ所（37.0％）で最も多い。

　一方，従業者3～4人規模においては「300万円以上」と答えた事業所が

図表8 月平均売上高の分布

月平均売上高	事業主のみ	従業者1～2人	従業者3～4人	合計
50万円未満	2	2	1	5
50万～99万円	10	3	5	18
100万～199万円	1	10	3	14
200万～299万円	0	7	2	9
300万円以上	0	5	11	16
合計	13	27	22	62

11ヶ所で50％を占めている。しかし，この月平均売上高の水準は，昨年度の調査研究地域に比べ非常に低いレベルである。

　ここで，相模原市と町田市における小売業の特徴について比較すると，人口1,000人当たりの小売業事業所数は相模原市が6.81ヶ所，町田市が6.46ヶ所でほぼ同じ水準であるが，人口1人当たりの年間販売額では相模原市975万円に対して町田市は1,354万円である。これに関連して，両市の業種構成についてみると，相模原市が町田市に比べ「飲食料品小売業」の占める割合が高く，町田市は「織物・衣類・身の回り品小売業」の割合が高くなっている[6]。このことから，相模原市においては日常の買物先としての小売業が多い近隣型商業地で，町田市はファッション性が高い商品を扱う買回品関係の小売業を中心とする広域型商業地であるといえよう。このように，隣接する両市の小売業の実態ははっきりと異なっている。

　商店経営以外の収入の有無に関する質問についてみると，この質問に「ある」と答えた事業所は，31ヶ所（50％）であった。これらを従業者規模別にみると，まず，事業主のみで7ヶ所（11.3％），従業者1～2人規模13ヶ所（21.0％），従業者3～4人規模11ヶ所（17.7％）である。さらに，月平均売上高規模別にみると，「50万円未満」が4ヶ所，「50～99万円」が7ヶ所，「100～199万円」が5ヶ所，「200～299万円」で8ヶ所，そして，「300万円以上」では7ヶ所である。

その収入源は,「年金・恩給」が最も多い15ヶ所であり,「アパート, テナントなどの家賃収入」14ヶ所,「別途事業による収入」2ヶ所である。これらの収入源を持つ事業所は,「年金・恩給」を除いて全てが生業・個人志向である。

　小零細層を含む中小小売業者の一部には, 低経済成長期以降の地価高騰により小売業から不動産業へと転業する者も現われた。この調査でも建物やアパートなどを所有していると答えた経営者が多かった。これは, 小零細小売業を支える一つの要因ではないかと考えられる。

3. 調査結果の検証

　ここでは, 上述したように小零細小売業において経営目的がいかに重要であるかについて強調するために,「家族従業者を中心に経営する小零細小売業であるとしても, 高い経営目的をもつ事業所においては売上高水準が高く, 家族従業者に対する賃金の概念も明確になっている」と想定する。これは, 山中・磯部・清成教授らが指摘した「企業性」, つまり企業としての諸態勢を整えているか否かを確かめるためでもある。

　以下では, 高い経営目的を有する集団とそうではない集団を比較するために, クラスタ分析を行った。分析方法としては, 5つの経営目的に関する変数を縮約するために主成分分析を採用した。その結果, 2つの主成分が抽出された。

　第1主成分は37.1%, 第2主成分は27.7%を説明しており, 2つの主成分で64.8%の説明力を持っている[7] (図表9参照)。第1主成分は, 現状維持を目的とする「生業志向」の変量が負の値である反面,「革新・成長志向」の変量が大きいことから, 少々危険があっても将来性のある商売を展開するために事業の拡大・発展を目指すという「発展志向型経営目的」であると解釈できよう。そして, 第2主成分は経営者が得られた収益を主に生活水準を向上させるために利用するという「個人志向」と「生業志向」の変量が大きいことから, 事業所の現状を維持しながら, 事業主の生活の質を高めることを主な目的

付録：神奈川県相模原市における小零細小売業の経営目的分析

図表9　主成分分析結果

項　目	第1主成分	第2主成分	共通性
革新志向	0.89947	0.00147	0.80904
成長志向	0.89720	− 0.06603	0.80932
個人志向	0.10843	0.78658	0.63046
生業志向	− 0.28225	0.76941	0.67166
地元志向	0.38432	0.41357	0.31874
固有値	1.85313	1.38610	―
累積寄与率	37.1%	64.8%	―

図表10　各クラスタにおける観測変数の平均値

観測変数	クラスタ1	クラスタ2	合　計
第1主成分 （発展志向）	0.63114	− 0.18408	0.44706
第2主成分 （現状維持志向）	− 1.42097	0.41445	− 1.00652

とする「現状維持型経営目的」の意味合いを有している。このように，小零細小売業における経営目的は大きく2つにまとめられる。

　この結果を踏まえて，主成分分析で求められた主成分得点を用いて階層的方法に基づくクラスタ分析を行い「経営目的」を基準に2つのクラスタに分類した。クラスタ分析を行う際，原データの距離計算にはユークリッド距離を，またクラスタ合併後の距離計算にはウォード法を採用した。

　各クラスタにおける2つの経営目的の平均値（図表10参照）を比較してみると，クラスタ1は「現状維持志向型経営目的」の平均値が負の値であることから，ベンチャー企業のように環境変化に適応しながら，積極的に経営を行い事業拡大を求める「発展志向型経営目的」を持つ集団である。一方，クラスタ2は生計及び商売の現状維持のみを志向する「現状維持志向型経営目的」の集まりである。

　以下では，各クラスタの経営目的に鑑みながら，それぞれの特徴について分

図表11　従業者規模別の家族従業者

従業者数	家族従業者数					
	いない	1人	2人	3人	4人	合計
事業主のみ	5	0	0	0	0	5
従業者1～2人	0	1	4	0	0	5
従業者3～4人	0	2	0	1	1	4
合計	5	3	4	1	1	14

析を行う。

1) クラスタ1の特徴

　クラスタ1は，「発展志向型経営目的」を持つグループである。14ヶ所の事業所中，8ヶ所（57.1％）の事業所が自分の能力を十分発揮し，少々危険があっても将来性のある商売を展開しながら，事業の拡大・発展のために再投資していきたいという「革新・成長志向」を強く考えていると回答している。

　このクラスタの従業者規模別家族従業者数（図表11参照）についてみると，従業者数1～2人規模では，「1人」が1ヶ所，「2人」が4ヶ所である。また，従業者数3～4人規模では，「1人」が2ヶ所，「3人」が1ヶ所，「4人」が1ヶ所となっている。

　また，正社員の有無（図表12参照）をみると，「事業主のみ」の事業所を除く9ヶ所中7ヶ所（77.8％）の事業所が正社員を雇っておらず，従業者1～2人規模，従業者3～4人規模のそれぞれの1ヶ所の事業所が家族従業者と共に正社員「1人」を雇っている。さらに，臨時雇用者を雇っている事業所は従業者数3～4人規模2ヶ所のみである。

　このことから，クラスタ1は，家族労働に依存していると考えられる。これは，磯部教授による「第2段階」に当てはまる。つまり，この段階では事業主とその家族が中心となって経営を行う。また磯部教授は，この段階においては賃金支払いは行われず，その給与は即生活費という観念で意識されると指

図表 12　従業者規模別の正社員・臨時雇用者の人数

		事業主のみ	従業者1～2人	従業者3～4人	合計
正社員	いない	5	4	3	12
	1人	0	1	1	2
	合計	5	5	4	14
臨時雇用者	いない	5	5	2	12
	2人	0	0	2	2
	合計	5	5	4	14

図表 13　月平均売上高と商店経営以外の収入の有無

その他の収入	50万円未満	50万～99万円	100万～199万円	200万～299万円	300万円以上	合計
ある	1	1	0	2	3	7
ない	0	3	2	0	2	7
合計	1	4	2	2	5	14

摘した。以上のことを踏まえて，得られた利益が資本としての性質を持っているかについて確認する。

　月平均売上高の水準（図表13参照）をみると，「50万円未満」が1ヶ所（7.0％），「50万～99万円」が4ヶ所（28.6％），「100万～199万円」が2ヶ所（14.3％），「200万～299万円」が2ヶ所（14.3％），「300万円以上」が5ヶ所（35.7％）となっている。

　また，「商店経営以外の収入の有無」についてみると，7ヶ所の事業所が「ある」と答えているが，「財産を蓄積できる」という経営満足は弱いため，この収入は個人財産の蓄積には向かっていないと思われる。なお，「配偶者の給与水準」（図表14参照）をみると，「6万～10万円」が6ヶ所，「16万～20万円」が2ヶ所，「21万円以上」が4ヶ所となっており，2つのクラスタの中では比較的に高い水準である。

図表14　配偶者の給与水準

	配偶者の給与					合計
	5万円以下	6万〜10万円	11万〜15万円	16万〜20万円	21万円以上	
事業所数	1	6	1	2	4	14
構成比（％）	7	43	7	14	29	100

図表15　従業者規模別の資本金の分布

従業者数	資本金				合計
	なし	100万〜199万円	200万〜299万円	700万円以上	
事業主のみ	3	0	2	0	5
従業者1〜2人	5	0	0	0	5
従業者3〜4人	2	1	0	1	4
合計	10	1	2	1	14

　このことから，茂木六郎教授が指摘したように，商業活動を通して得られる利益は小零細小売業にとっても「資本」であり，必ずしも賃金労働者を雇用する必要はないことが明らかであろう。

　従業者規模別の資本金の水準（図表15参照）をみると，クラスタ1は資本金がない個人商店（10ヶ所）によって構成されている。

　また，従業者3〜4人規模で資本金「100万〜199万円」と「700万円以上」と回答した事業所はそれぞれ1ヶ所ずつである。資本金の水準は，クラスタ2に比べ低い水準であるが，事業年数と経営者の年齢において相違点がみられる。

　クラスタ1の事業年数についてみると，「10年以下」5ヶ所（35.7％），「11〜40年」5ヶ所（35.7％），「51年以上」4ヶ所（28.6％）である。そして，経営者の年齢をみると，「40歳未満」が4人（28.6％），「40〜49歳」が1人（7.1％），「50〜59歳」が1人（7.1％）と，2つのクラスタのなかでは比較的若い。また，これらの事業所は「地元に密着し，地域住民に喜ばれている」「自分の能力が十分発揮できる」ことに経営満足を得ていると回答してい

る。

　以上のことを総合的に考えると，小零細小売業においては得られた利益をどういう目的で使用するかという「動機」＝「経営目的」の重要性が明確になったと思われる。つまり，家族従業者を中心に営まれている小零細小売業であるとしても，経営目的を高く設定し，その達成と経営目的のさらなる向上により，成長の可能性が広がるのである。

2）クラスタ2の特徴

　クラスタ2の経営目的は，生計及び商売の現状維持を志向しながら，事業主個人の財産の蓄積を目的とする「生業・個人志向」である。48ヶ所の事業所中，21ヶ所が生業志向を「強く考えている」と回答しており，「やや考えている」と答えた15ヶ所を合わせると，36ヶ所の事業所が生業志向である。また，個人志向においても類似した傾向が認められる。

　まず，従業者規模別の分布（図表16参照）についてみると，「事業主のみ」の事業所は8ヶ所で，従業者数1～2人規模と回答した事業所は22ヶ所である。この30ヶ所は，零細小売業である。また，残りの18ヶ所の事業所は従業者数3～4人規模の小規模小売業である。クラスタ2においては零細小売業が多く占めていることが分かる。

　従業者規模別の家族従業者数（図表16参照）をみると，従業者1～2人規模の事業所で家族従業者がいると回答した事業所は，22ヶ所であり，従業者3～4人規模では18ヶ所である。また，正社員の有無に関しては，「事業主のみ」の事業所を除外した40ヶ所の事業所中36ヶ所（90％）が正社員は「いない」と答えており，臨時雇用者に関しても80％の32ヶ所の事業所が「いない」と回答している。これは，クラスタ1と同様，磯部教授の分類による「第2段階」すなわち事業主のみあるいは事業主と家族が生産に従事する段階に当たる，生業的色彩が強いグループである。

　従業者数規模別の資本金の水準（図表17参照）をみると，資本金がない個人商店は，事業主のみ4ヶ所，従業者1～2人規模9ヶ所，従業者3～4人

図表16　従業者規模別家族従業者，正社員，臨時雇用者数

		従業者数			
		事業主のみ	従業者1～2人	従業者3～4人	合計
家族従業者数	いない	8	0	0	8
	1人	0	13	1	14
	2人	0	9	7	16
	3人	0	0	10	10
	合計	8	22	18	48
正社員の人数	いない	8	22	14	44
	1人	0	0	3	3
	2人	0	0	1	1
	合計	8	22	18	48
臨時雇用者数	いない	8	20	12	40
	1人	0	2	3	5
	2人	0	0	3	3
	合計	8	22	18	48

規模3ヶ所となっている。また，資本金「100万～199万円」の事業所は，事業主のみ1ヶ所，従業者1～2人規模5ヶ所，従業者3～4人規模7ヶ所である。これは，クラスタ1より高い水準である。また，月平均売上高の水準（図表18）をみると，「50万円未満」が4ヶ所（8.3％），「50万～99万円」が14ヶ所（29.2％），「100万～199万円」が12ヶ所（25％），「200万～299万円」が7ヶ所（14.6％），「300万円以上」が11ヶ所（22.9％）で，クラスタ1に比較して低い水準である。

　クラスタ2において，得られた利益がどのように使われているかを探るために，「商店経営以外の収入の有無」と「財産を蓄積できる」という経営満足，「配偶者の給与水準」などについて考察する。

　まず，「商店経営以外の収入の有無」（図表18参照）については，24ヶ所の事業所が商店経営以外の収入があると答えており，この内17ヶ所（70.8％）の事業所は「財産を蓄積できる」という経営満足が強い。これらの事業所は，

付録：神奈川県相模原市における小零細小売業の経営目的分析

図表17　従業者規模別の資本金の分布

資本金	従業者数			
	事業主のみ	従業者1～2人	従業者3～4人	合計
ない	4	9	3	16
100万円未満	1	0	1	2
100万～199万円	1	6	1	8
200万～299万円	2	5	7	14
500万～599万円	0	1	3	4
600万～699万円	0	1	1	2
700万円以上	0	0	2	2
合計	8	22	18	48

図表18　月平均売上高と商店経営以外の収入の有無

その他の収入	月平均売上高					
	50万円未満	50万～99万円	100万～199万円	200万～299万円	300万円以上	合計
ある	3	6	5	6	4	24
ない	1	8	7	1	7	24
合計	4	14	12	7	11	48

もっぱら得られた利益を個人財産の蓄積に使っていると思われる。

　このことを磯部教授の企業の定義に照らして鑑みると，「資本蓄積」「資本の自己増殖運動」「資本による経済計算のしくみ」などが欠如しており，資本として機能していないことが分かるであろう。また，家族労働者の賃金水準について考察するため，「配偶者の給与水準」（図表19参照）を調べた結果，10万円以下が半数を占めており，これは賃金としての性格が薄く，無償労働によって支えられているといっても過言ではないだろう。

　清成教授の分類に従えば，クラスタ2は家族主体で商売を行っており，賃金と利益が未分離である。つまり，家族労働に依存しながら獲得した利益は，個人財産または事業主の所得の極大化を希望する，すなわち拡大再生産を志向しない「生業的家族経営」に当てはまるグループであると考えられる。

図表 19　配偶者の給与水準

	5万円以下	6万～10万円	11万～15万円	16万～20万円	21万円以上	合計
事業所数	9	17	4	8	10	48
構成比（％）	18.8	35.4	8.3	16.7	20.8	100

図表 20　開業年次と生業・個人志向

<table>
<tr><th colspan="2"></th><th colspan="9">開業年次</th></tr>
<tr><th colspan="2"></th><th>10年以下</th><th>11～20年</th><th>21～30年</th><th>31～40年</th><th>41～50年</th><th>51～60年</th><th>61～70年</th><th>71～80年</th><th>81年以上</th><th>合計</th></tr>
<tr><td rowspan="6">生業志向</td><td>まったく考えていない</td><td>1</td><td>0</td><td>0</td><td>0</td><td>0</td><td>0</td><td>0</td><td>0</td><td>2</td><td>3</td></tr>
<tr><td>やや考えていない</td><td>0</td><td>0</td><td>0</td><td>0</td><td>0</td><td>0</td><td>1</td><td>0</td><td>1</td><td>2</td></tr>
<tr><td>どちらでもない</td><td>1</td><td>1</td><td>2</td><td>1</td><td>0</td><td>0</td><td>0</td><td>0</td><td>2</td><td>7</td></tr>
<tr><td>やや考えている</td><td>0</td><td>0</td><td>1</td><td>4</td><td>4</td><td>3</td><td>1</td><td>1</td><td>1</td><td>15</td></tr>
<tr><td>強く考えている</td><td>1</td><td>2</td><td>3</td><td>6</td><td>3</td><td>4</td><td>1</td><td>1</td><td>0</td><td>21</td></tr>
<tr><td>合計</td><td>3</td><td>3</td><td>6</td><td>11</td><td>7</td><td>7</td><td>3</td><td>2</td><td>6</td><td>48</td></tr>
<tr><td rowspan="5">個人志向</td><td>まったく考えていない</td><td>0</td><td>1</td><td>1</td><td>3</td><td>3</td><td>1</td><td>0</td><td>0</td><td>0</td><td>9</td></tr>
<tr><td>どちらでもない</td><td>0</td><td>1</td><td>1</td><td>0</td><td>0</td><td>2</td><td>0</td><td>0</td><td>2</td><td>6</td></tr>
<tr><td>やや考えている</td><td>2</td><td>1</td><td>1</td><td>6</td><td>3</td><td>4</td><td>2</td><td>1</td><td>3</td><td>23</td></tr>
<tr><td>強く考えている</td><td>1</td><td>0</td><td>3</td><td>2</td><td>1</td><td>0</td><td>1</td><td>1</td><td>1</td><td>10</td></tr>
<tr><td>合計</td><td>3</td><td>3</td><td>6</td><td>11</td><td>7</td><td>7</td><td>3</td><td>2</td><td>6</td><td>48</td></tr>
</table>

　この生業的性格が強いクラスタ2における経営者の実態についてみると，48ヶ所の事業所中33ヶ所（68.8％）の事業所において経営者が60歳以上であり，クラスタ2では経営者の高齢化が進んでいるとみられる。また，これに関連して，28ヶ所（58.3％）の事業所において「後継者がない」と答えており，後継者難の問題も深刻である。

　これについて「経営目的」の観点からみると，この階層の事業所は「生業・個人志向」を有している（図表20参照）。したがって，このクラスタでは経営者の高齢化と後継者難によって経営意欲を消失し，現状維持を志向していると思われる。

　クラスタ2の開業年次（図表20参照）をみると，31年以上の業歴を持つ

36ヶ所（75％）の事業所が「生業・個人志向」であると答えた。また，28ヶ所（58.3％）の事業所が「経営満足」の中でも，「地元に密着し，地域住民に喜ばれている」ことに経営満足していると答えている。

以上のことから，クラスタ2は，長い間その地域において営業したことで，ある程度の収益を確保することができたと思われる。クラスタ2は，山中教授が指摘する「発展のないところに不経済が存在」するという階層であり，既存研究で主張されているような「非資本的な中間的存在」である。こうした階層の経営目的の希薄さが，今日の小零細小売業減少の要因であると思われる。

よって，クラスタ2は，本業である小売業が副業化し，あるいは他の業態・業種への転換を考慮するようになり，いつかは小売業から撤退する廃業予備軍であると考えられる。

4．まとめにかえて

以上の調査の分析結果を整理すると，小零細小売業は，多様な形態を持つ異質多元的な存在であると言えよう。一方，経営者の高齢化や後継者難が経営に与える影響は大きく，早急な解決策が求められる。

本研究の分析基準である，得られた利益をどういう目的で使用するかという「動機」＝「経営目的」の重要性は，クラスタ分析で分類した各クラスタを比較分析することで明らかになった。つまり，小零細小売業における高い水準の経営目的は経営そのものに影響を与え，売上高の向上という量的な成長として現れる。小零細小売業において開業時の利益確保に伴う存続の困難性は否定できないが，生計維持の目的だけではなく，「業」を起こした以上，成長・発展を目指し，経営努力することで，その困難を脱することができるであろう。

今日の小零細小売業の衰退に象徴される小売店舗の減少は，経営者の高齢化や後継者難によって経営意欲が消失し，経営目的が低下したことに起因するものと考えられる。このことは，本業である小売業が副業化し，あるいは他業態・業種への転業を考えるものが中心となり，いつかは小売業から撤退する廃業予備軍の急増となって現れているものと推察される。

注

1) 調査研究の目的である多様な形態をもつ小零細小売業の実態を把握するためにも，データとしてのサンプルの数を確保する必要がある。また，主成分分析とクラスタ分析においては多数のサンプルが求められる。しかし，今回のアンケート調査でも多くの経営者の理解が得られず，分析に必要なデータを収集することが困難であった。なお，アンケート調査の概要に関しては昨年度と同じである（3章2節参照）。
2) 相模原市経済部編『相模原市産業の概要』相模原市，2006，41頁。
3) 企画情報システム課統計室編『相模原市の商業――平成14年商業統計調査結果報告書――』相模原市，2004，30～41頁を参考にした。また，この調査は平成9年の調査から5年ごとに実施されている。
4) 上掲報告書，34頁。
5) 石原武政・石井淳蔵『街づくりのマーケティング』日本経済新聞社，1992，301～303頁を参考にした。
6) 『相模原・町田エリアマーケティングデータブック』財団法人相模原市産業振興財団，2006，46～47頁を参考にした。
7) 経営目的に関する質問項目が少なかったため，主成分分析における固有値が小さく，説明力が欠けていると思われる。しかし，小零細小売業における経営目的は把握できたと考えられる。

参考文献

横井弘三『露店研究』出版タイムス社, 1931
谷口吉彦『配給組織論』千倉書房, 1938
竹林庄太郎『日本中小商業の構造』有斐閣, 1941
芹沢彪衛・秋山穣『日本商業論──自由・独占・統制──』河出書房, 1951
松井辰之助編『中小商業問題』有斐閣, 1953
松井辰之助編『中小商業問題──中小企業叢書Ⅳ──』有斐閣, 1955
我妻栄編『六法全書』有斐閣, 1964
糸園辰雄『日本中小商業の構造』ミネルヴァ書房, 1975
木地節郎『商業集積の立地──小売商業集積の成立と形成──』啓文社, 1988
糸園辰雄編『現代資本主義と流通』ミネルヴァ書房, 1989
佐藤肇『日本の流通機構』有斐閣, 1974
荒川祐吉『流通政策への視角』千倉書房, 1976
森下二次也『現代の流通機構』世界思想社, 1977
森下二次也『現代商業経済論（改定版）』有斐閣, 1977
森下二次也『流通組織の動態』千倉書房, 1995
橋本勲・阿部真也編『現代の流通経済』有斐閣, 1978
糸園辰雄・加藤義忠・小谷正守・鈴木武共著『現代商業の理論と政策』同文舘, 1979
鶴田俊正『世界と日本の流通政策』日本評論社, 1980
鈴木安昭『昭和初期の小売業問題』日本経済新聞社, 1980
上林貞次郎『中小零細企業論──理論・実態・政策──』森山書店, 1980
遠田雄志『企業理論入門』中央経済社, 1980
名東孝二編『生活者経済学の提唱』合同出版, 1981
田村正紀『大型店問題』千倉書房, 1981
田村正紀『日本型流通システム』千倉書房, 1986
清成忠男『地域小売業の新展開』日本経済新聞社, 1983
保田芳昭・加藤義忠編『現代流通論入門』有斐閣, 1988
阿部真也編『現代流通の解明』ミネルヴァ書房, 1991
石原武政・石井淳蔵『街づくりのマーケティング』日本経済新聞社, 1992
三村優美子『現代日本の流通システム』有斐閣, 1992
有賀健『日本的流通の経済学──参入・規制メカニズムの解明』日本経済新聞社, 1993
柏尾昌哉他著『現代流通政策の諸問題』同文舘, 1993
日本経済新聞社編『ゼミナール日本経済入門』日本経済新聞社, 1994
陸正『変わる消費者変わる商品』中央公論社, 1994
三輪芳朗他著『日本の流通』東京大学出版会, 1995
田中道雄『商店街経営の研究──潮流・変革・展望──』中央経済社, 1995
武部良明『漢字の用法』角川書店, 1995

保田芳昭他著『日本と欧米の流通政策』大月書店，1995
田島義博『流通機構の話』日本経済新聞社，1996
田口冬樹『現代流通論』白桃書房，1996
田口冬樹『体系流通論』白桃書房，2001
小林靖雄・瀧澤菊太郎『中小企業とは何か――中小企業研究五十五年』有斐閣，1997
小谷正守・出家健治共著『商業理論と流通政策』ミネルヴァ書房，1997
波形克彦『大店法廃止影響と対応』経営情報出版社，1998
日本百貨店協会創立50周年記念誌編纂委員会編『百貨店のあゆみ』日本百貨店協会，1998
岩永忠康編『現代流通政策論』創成社，1998
関根孝・横森豊雄・福島義和共著『街づくりマーケティングの国際比較』同文舘，1998
加藤義忠・佐々木保幸・真部和義共著『小売商業政策の展開』同文舘，1998
加藤義忠・佐々木保幸・真部和義・土屋仁志共著『我国流通政策の展開』税務経理協会，2000
鈴木幾太郎『流通と公共政策』文眞堂，1999
日経流通新聞編『流通経済の手引き2000』日本経済新聞社，1999
石崎忠司『企業の持続的成長性分析』同文舘，1999
久保村隆祐編『中小流通業革新への挑戦』日本経済新聞社，1999
吉田和男『平成不況10年史』PHP研究所，1999
蔡イン錫（チェ インソク）『プロフェッショナルの研究成果の決定要因――研究者の組織行動，研究成果，人的資源管理――』慶應義塾大学産業研究所，1999
矢作敏行『欧州の小売りイノベーション』白桃書房，2000
蓑原敬など『街は要る――中心市街地活性化とは何か』学芸出版社，2000
浅子和美・篠原総一編『入門・日本経済』有斐閣，2000
平井宜雄・青山善充・菅野和夫編『六法全書II』有斐閣，2000
巽信晴・佐藤芳雄編『新中小企業論を学ぶ（新版）』有斐閣，2000
小本恵昭『小売店舗戦略の経済分析』NTT出版社，2000
石原武政『まちづくりの中の小売業』有斐閣，2000
林英夫・上笹恒・種子田實・加藤五郎『体系マーケティングリサーチ事典』同友館，2000
鈴木安昭『日本の商業問題』有斐閣，2001
田中啓一編『都市環境整備論』有斐閣，2001
マーケティング史研究会編『日本の流通産業史』同文舘，2001
小西友七・南出康世編『ジーニアス英和大辞典』大修館書店，2001
出家健治『零細小売業研究――理論と構造――』ミネルヴァ書房，2002
陶山計介など編『マーケティング・ネットワーク論』有斐閣，2002
渡辺幸男・小川正博・黒瀬直宏・向山雅夫著『21世紀中小企業論』有斐閣，2003
番場博之『零細小売業の存立構造研究』白桃書房，2003
白石善章・田中道雄・栗田真樹編『現代フランスの流通と社会』ミネルヴァ書房，2003

参考文献

柴田武・山田進編『類語大辞典』講談社，2003
坂本秀夫『日本中小商業問題の解析』同友館，2004
田村明『まちづくりの実践』岩波書店，2005
菅野和夫・江頭憲治郎・小早川光郎・西田典之編『小六法 平成18年版』有斐閣，2005
通商産業大臣官房調査統計部編『わが国の商業』通商産業調査会，1966年・1968年
通商産業大臣官房調査統計部編『我国の商業1970』通商産業調査会，1971～2001
経済産業省経済産業政策局調査統計部編『商業統計表，第1巻産業編（総括表）』1972～2002
通商産業大臣官房調査統計部編『わが国の商業』通産統計協会，1974～1985
総務庁統計局編『国勢調査抽出速報集計結果』日本統計協会，1975～2000
経済企画庁『復刻 経済白書』第八巻，日本経済評論社，1976
通産統計協会編『戦後の商業統計表（第1巻）──産業別統計編』大蔵省印刷局，1983
東京商工会議所産業部編『1980年代の流通ビジョンと流通政策のあり方』東京商工会議所，1983
通商産業省産業政策局商政課編『80年代の流通ビジョン──豊かさの構築流通産業』通商産業調査会，1987
通商産業省商政課編『90年代の流通ビジョン』通商産業調査会，1989
日米構造問題研究会編『日米構造問題協議最終報告』財経詳報社，1991
通商産業省産業政策局・中小企業庁編『21世紀に向けた流通ビジョン』通商産業調査出版部，1995
通商産業省産業政策局中心市街地活性化室編『中心市街地活性化法の解説』通商産業調査会出版部，1998
通産産業省産業政策局流通産業課『これからの大型店政策』通産産業調査会，1998
中小企業庁編『新中小企業基本法』同友館，2000
経済産業省経済産業政策局調査統計部編『商業統計表，第1巻産業編（総括表）』2002
経済産業省経済産業政策局調査統計部編『平成14年商業統計表』経済産業省経済産業政策局，2003
企画情報システム課統計室編『相模原市の商業──平成14年商業統計調査報告書──』相模原市，2004
『町田市商工業の概要（2004）』町田市環境・産業部経済振興課，2005
相模原市経済部編『相模原市産業の概要』相模原市，2006
『相模原・町田エリアマーケティングデータブック』財団法人相模原市産業振興財団，2006
都市計画・中心市街地活性化法制研究会編『解説 まちづくり三法の見直し 都市計画法・中心市街地活性化法の改正』ぎょうせい，2006
矢作弘・瀬田史彦編『中心市街地活性化三法改正とまちづくり』学芸出版社，2006
W. J. Wittereich, *"Misunderstanding the Retailer"*, Harvard Business Review, May-June, 1962

M. Y. Yoshino, *The Japanese Marketing System*, MIT Press, 1971
Philip Kotler, Donald H. Haider, Irving Rein, *"Marketing Places"*, The Free Press, 1993
"Réforme du droit de la concurrence", L'Usine Nouvelle, N2574.12 décembre 1996
Philip Kotler and Gary Armstrong, *Marketing an Introduction, 4th.*, Prentice Hall, 1997
Alexandre Graboy-Grobesco, *Droit de l'urbanisme commercial*, LGDJ/Montchrestien, 2000
Gerard Delteil, *Ouvrir un commerce*, Magazine Rebondir, 2003
"Les chiffres-clés des TPE", Études et Statistiques, Ministère de l'Économie et des Finances, Édition 2003
Marie-Laure Allain, Claire Chambolle, *Économie de la distribution*, La Decouverte, 2003
Hélène Zwang, *Le commerce ambulant: Vendre sur les marchés et les voies publiques*, Gualino Editeur, 2004
Jean-Michel Charpin, *Le commerce en France*, INSEE Références, 2004, 2005
Isabelle Depardieu, *Vademecum de l'entrepreneur TPE-PME*, Collectif, 2005

参考資料

山中篤太郎「中小企業と経済計算——日本の中小企業の性格の一の再檢討」『一橋論叢』11月号, 日本評論新社, 1959

磯部造一「零細企業の本質について」『調査月報』No. 26, 国民金融公庫, 1963

清成忠男「小規模企業観の再検討」『中央大学経済研究所年報』第1号, 中央大学経済研究所, 1971

清成忠男「中小企業の類型化について」『中央大学経済研究所年報』第2号, 中央大学経済研究所, 1972

杉本修「中小商業をめぐる諸問題」『北海道商工経済研究』第14号, 北海道立総合研究所, 1976年3月

杉本修「零細小売商業における新規参入・転廃業（Ⅰ）」『北海道商工経済研究』第18号, 北海道立総合研究所, 1977年3月

杉本修「小売商業の階層性について」『北海道商工経済研究』第16号, 北海道立総合研究所, 1978年3月

茂木六郎「零細小売商論によせて——マルクス経済学の立場から——」『中小企業季報』No. 4, 大阪経済大学中小企業経営研究所, 1978

武嶋一雄「我国の百貨店の発達と第1次百貨店法（上）」『名城商学』名城大学商学会, 1979

武嶋一雄「我国の百貨店の発達と第1次百貨店法（下）」『名城商学』名城大学商学会, 1980

鈴木安昭「中小小売業問題とその系譜」『流通政策』第7号, 流通政策研究所, 1981

国民金融公庫調査部編「実態調査 小売業における家族経営の実態」『調査月報』No. 265，国民金融公庫，1983
三谷真「戦後百貨店法とその制定をめぐる問題について」『関西大学商学論集』関西大学商学会，1983
天野正子「零細小売業主婦の労働と意識――零細小売業の存立条件についての第1次調査から」『金城学院大学論集，社会科学編』27号，金城学院大学，1984．3
出家健治「零細小売業の一般的規定＝本質的規定の再検討――「資本的性格」の喪失に対する批判――」『熊本商大論集』第38巻第1号（通巻第89号），熊本商科大学，1991
伊藤公一「小売立地政策の国際比較――序説」『千葉商大論集―第33巻，第1号』千葉商科大学国府台学会，1995
出牛正芳「小売業界の販売動向分析」『専修大学情報科学研究所・所報42号』専修大学情報科学研究所，1997
番場博之「零細小売業の認識」『千葉商大論集』千葉商科大学，1998
斎藤忠志「我が国の流通政策の変遷と今後の方向」『愛知学院大学論集』1998．3
関根孝「商業振興と街づくりの視点」『専修商学論集―第65号』専修大学学会，1998
加藤義忠「都市計画法の改正と中心市街地活性化法の制定」『商学論集』関西大学商学会，1999．6
舟橋稜乃「本格化した地域主体のまちづくり」『ジェトロセンサー』第49巻第583号，日本貿易振興会，1999．6
丸田敬「カウントダウン大店立地法」『Chain Store Age』ダイヤモンド社，1999．11
石原武政「売買集中の原理と中小小売商」『中小企業季報』No. 3，大阪経済大学中小企業・経営研究所，2000
寺島正尚「大規模小売業を取り巻く環境規制の現状」『季刊輸送展望』日通総合研究所，2000，Spring（No. 253）
相原修「フランスにおける大型店規制政策の変遷」『経済学部論集』第32巻第1号，成蹊大学経済学部学会，2001．10
「フランスの創業支援策」『調査月報』国民金融公庫総合研究所，2004．5
野松敏雄「フランスの大規模小売店舗立地規制――ラファラン法――」『地域経済』第23集，岐阜経済大学地域経済研究所，2004．3

参考サイト

http://www.apce.com
http://www.entreprendre-en-france.fr
http://www.boutiques-de-gestion.com
http://www.insee.fr/fr/home/home_page.asp
「都市計画関連情報」― http://www.homepage2.nifty.com
全国商店街振興組合連合会ホームページ：www.syaoutenngai.or.jp

経済産業省ホームページ：www.meti.go.jp/statistics/
『フランスの統計資料 2005』在日フランス大使館ホームページ：www.ambafrance-jp.org
経済産業省経済産業政策局調査統計部『平成 16 年商業統計速報要旨』経済産業省ホームページ：www.meti.go.jp/statistics/index.html

著者紹介

李　東勲（イ　ドンフン）

1970年　韓国釜山市生まれ
2000年　専修大学経営学部経営学科卒業
2002年　専修大学大学院経営学研究科修士課程修了
2005年　専修大学大学院任期制助手（現在に至る）
2006年　専修大学大学院経営学研究科博士後期課程修了
　　　　博士（経営学）取得

経営目的からみる小零細小売業の課題

2007年2月20日　第1版第1刷

著　者　　李　東勲
発行者　　原田　敏行
発行所　　専修大学出版局
　　　　　〒101-0051　東京都千代田区神田神保町3-8-3
　　　　　　　　　　　㈱専大センチュリー内
　　　　　電話　03-3263-4230㈹
組　版　　木下正之
印　刷
製　本　　藤原印刷株式会社

ⓒLEE Dong Hoon　2007　Printed in Japan
ISBN 978-4-88125-191-1